KB262058

인도를 읽는다

사회학자가 본 오늘의 인도

인도를 읽는다

2013년 1월 11일 1판 1쇄 발행 / 2017년 8월 31일 1판 2쇄 발행

지은이 오창균 김현혁 / 펴낸이 임은주
펴낸곳 도서출판 청동거울 / 출판등록 1998년 5월 14일 제406-2011-000051호
주소 (413-756) 경기도 파주시 문발동 파주출판도시 534-4 301호
전화 031) 955-1816(관리부) 031) 955-1817(편집부) / 팩스 031) 955-1819
전자우편 cheong1998@hanmail.net / 홈페이지 www.cheongstory.com

편집주간 조태봉 / 책임편집 김은선

ISBN 978-89-5749-146-1   (03330)

이 도서의 국립중앙도서관 출판시도서목록(CIP)은 e-CIP 홈페이지(http://www.nl.go.kr/ecip)와
국가자료공동목록시스템(http://www.nl.go.kr/kolisnet)에서 이용하실 수 있습니다.
(CIP제어번호: CIP2012006186)

인도를 읽는다

사회학자가 본 오늘의 인도

오창균 · 김현혁 지음

청동거울

오래된 미래에서 부는
새로운 변화의 바람을 맞으며

인도는 오래됐다. 어느 나라보다 역사가 길고 환상적인 신화로 가득하다. 인도 사람들은 오랜 옛날을 기꺼이 짊어진 채 살아간다.

인도는 미래다. 좀더 자세히 말하자면 오래된 미래다. 겉으로는 낡아빠진 전통에 매몰된 듯하지만, 다른 한편에서는 새로운 변화의 바람이 거세게 몰아치고 있다.

세계인들은 그런 인도에 가보고 싶어한다. 이 책에 실린 글을 쓴 두 사람은 다행히 그 땅을 둘러보면서 나름대로 느낀 바를 정리할 기회가 있었으니 운이 좋았다. 김현혁 박사는 인도에서 생활한 지 스무 해 넘었으므로 세세한 사정을 기록했고, 오창균 박사는 잠시나마 방문연구원으로 머무는 동안 겪었던 일을 적었다.

그렇잖아도 인도를 다룬 책자가 쏟아지는 와중에 하나를 더 보태는 것은 사회학 전공자들의 경험담이 차별성을 띤다고 생각했기 때문이다. 대부분의 글은 이미 온오프라인을 통해 소개되었는데, 이번에 발간을 위해 다시 다듬었다.

이 과정에는 성공회 신부 수업을 받고 있는 최성모님과 인도 주재 한국대사관의 김장원님이 도움을 줬고, 네루대학교에서 사회학을 공부한 신진영 박사님은 정치·경제 관련 수치를 제공해줬다. 올댓플랜 창 대표이신 엄명숙님의 도움도 컸다. 아울러 편집하느라 애쓰신 분들의 노고에 감사드린다.

가족들이 이 책을 읽으면서 작은 행복을 함께 나누기를 바란다.

2012. 12.
오창균·김현혁

■ 머리말 • 4

제1부 미래는 인도의 편이다

제2부 택시는 정시에 오지 않는다

제1부
미래는 인도의 편이다

극우와 극좌는 없다

인도 독립을 이끌었던 위대한 두 지도자의 국가 발전 방향에 대한 비전은 약간 달랐다. 간디가 산업화, 도시화, 기계화, 상품화를 통한 이윤 추구와 물질적 풍요로움보다 수공업, 대중 생산, 촌락 자치에 근거한 자급자족, 공동체 공존, 정신적 평화를 바랐다면, 네루는 사회주의식 산업화를 원했다. 서구 산업자본주의를 사악하다고 보는 입장과 중앙통제를 할 경우 산업화의 부작용으로부터 얼마든지 자유로워질 수 있다는 관점 차이에서 빚어진 바였다. 독립 후 네루의 인도는 정치적 민주주의를 유지하면서도 사회주의 통제경제를 선택했고, 사악하지 않다던 사회주의 경제체제는 1990년대 초 결국 자본주의 시장경제형 산업화의 길로 대체되었다.

일부 전문가들은 시장경제로의 이행이 생각처럼 쉽지 않을 것이라고 봤다. 경제개혁을 위해 부지런히 노력하더라도 통제경제 시스템 특유의 시장가격 부재, 개인의 욕구를 조화시킬 수 있는 메커니즘 결여, 법제도 미비, 낡은 관리체계의 한계 때문에 자유로운 시장 환경이 빨리 조성되기 어려우리라는 짐작에서였다. 그러나 이러한 예상과 달리 인도의 시장경제 적응은 신속했고, 관료조직 부패 등 고질적인 문제에도 불구하고 대단한 성과를 거뒀다.

통제경제가 시장경제로 전환될 때면 주요 정책을 둘러싸고 서로 다른 시각을 가진 세 개 집단이 부딪치기 마련이다. 이들은 크게 시장경제 도입기에 나타난 혼란과 시행착오를 물고늘어지는 구식 중앙계획 지지자, 개혁을 더 서둘러 뭔가 가시적인 실적을 수치로 내보이려는 급진적 개방론자, 양자 사이에서 중립적 입장을 취하는 절충주의자들로 나뉜다. 이 가운데 절충주의자들은 경제성장을 위해 시장원리 확산이 절대 필요하다고 인정하면서도 적절한 관리·규제조치가 동반되어야 한다는 주장을 편다. 사회주의 시장경제를 추진 중인 중국이야 정치적으로 공산당의 일당독재체제이니까 소수 지도부 구성원끼리 싸워서 이리 가든 저리 가든 노선을 결정하면 그만이지만, 인도는 의회민주주의 국가이다 보니 제법 복잡하고 그럴싸한 세력 충돌과 직접선거라는 국민여론 수렴 절차가 불가피하다.

일단 인도 시장경제의 형식, 내용, 속도를 둘러싼 갈등은 현 단계에서 절충주의자들의 승리로 마무리지어졌다. 어찌됐건 선거 결과가 그것을 말해준다. 도시 중산층, 상공계층, 힌두 보수집단의 이익을 대변하면서 시장 개방에 가장 적극적이었던 인도인민당은 1998년 집권 후 광범위한 경제 자유화, 국영기업 민영화, 외자 유치, 노동 유연성 확대 등 성장 우선 정책을 밀어붙이고 고도성장을 이뤄냈으나, 2004년 총선에서 졌다. 2009년 선거에서도 재집권에 실패했다. 지나친 힌두 민족주의 성향에다 국민들이 경제발전 성과를 골고루 느끼지 못한 데 대한 불만의 탓이 컸다.

극좌파인 마오쩌뚱주의 인도공산당은 개발, 자유화, 성장 우선의 시장주의 경제정책에 거세게 저항하면서, 아예 총 들고 무장투쟁에 들어갔다. 그리고 먹고 살기 힘든 농촌 촌락의 이주민 생계 대책 없는 산업단지 건설과 지주들의 횡포를 막겠다며 웨스트 벵갈, 비하르, 오리사, 자르칸트, 안드라프라데시, 마드야프라데시, 마하라슈트라 등에 위치한 프로젝트 관련 시설에 심각한 직간접 공격을 가하고 있다. 착취적이고 억압적인 인도 사회이므로 사리를 따져 가며 법대로 해결하고자 해보았자 소용없을 게 뻔하다고 완력부터 쓰는 최하층 카스트 출신 마오쩌뚱 공산주의자들의 행동에 가난한 농민들이 동조하기도 하지만, 대부분의 대중들은 개발과 빈곤 탈출에 더 목말라 한다. 마오쩌뚱주의 인도공산당 지도부는 대개 정부의 토벌을 피해 산속에 들어가서 지내고 총선에 참여하지 않는다.

똑 부러지게 맞아떨어진다고는 볼 수 없으나 국민회의당은 중도적이고 절충적이다. 급격한 개혁개방 입장에 선 인도인민당과 자유화, 산업화, 도시화에 저항적인 마오쩌뚱주의 인도공산당 노선을 피해 중간의 길을 선택했다. 2004년 총선 당시 국민회의당 주도의 통일진보연합은 인도인민당 집권 중에 시도한 성장 일변도 경제개혁으로 빈부 격차가 커졌다고 비판했다. 잘사는 사람들은 더 잘살게 됐지만, 도시빈민, 농민, 하층 카스트 집단의 경우 살림살이가 더욱 쪼그라들었다면서 공정한 분배를 들고 나왔다. 지금도 국민회의당 캐치프레이즈는 "보통 사람들이 발전해야 인도가 강해진다" "보통 사람들을 구하자"인데, 여기에는 서민을 먼저 보살피겠다는 의지가 실려 있다. 시장 자유화 추진도 점진적으로 해나가고, 인도인민당이 이끈 전국민주연합 정부의 급진적 민영화

정책을 거둬들여 에너지, 운송, 통신, 금융 등 국민생활 분야 국유화, 사회화를 지속할 것으로 전망된다. 지금까지는 국민회의식 절충주의가 대세를 잡았다. 최근 두 차례 총선에서 국민회의 주도 통일진보연합이 승리한 결과가 이를 입증한다. 마오쩌뚱주의 계열과 별개의 인도공산당, 인도마르크스주의당 등 공산주의 정당조차 자본주의적 개혁 수용, 분배 중시, 무차별적 경제 개혁개방 반대를 분명히 함으로써 절충주의 쪽에 가담했다.

구호만 그런 게 아니라 실제로 중도적이고 절충적인 정부의 인도는 경제부문 개방을 계속하되 사회 안정에 관심을 기울일 가능성이 매우 높다. 이곳저곳이 참호 구덩이라고 할 수 있는 다민족 다문화 다언어 환경하에서는 경제성장 못지않게 사회 불안 요인 관리가 아주 중요하기 때문이다. 사실 인도 안을 들여다보면, 그동안 엄청난 경제 성과를 거뒀으나 모순도 누적되었다. 소득 불균형이 심각하고, 한눈에 봐도 지역 격차가 확연하게 드러난다. 그래서 인도 사람들은 성장과 분배정책의 동행을 원했다. 극우와 극좌는 없다. 네루의 유산이었던 인도식 사회주의 경제는 그렇게 시장경제로 이행되고 있다.

네팔리와 비하리

간혹 인도 여행 중에 "헤이, 네팔리!" 하면서 키득거리는 현지인들을 만나게 되는데, 이는 한국 사람을 비슷한 생김새의 네팔 사람으로 착각해 놀려대는 것이다. 인도 정부 산하 힌디어학원 교재에는 "네팔 사람들은 정직하고 튼튼하다"고 묘사돼 있어서 '네팔리'라는 말도 좋은 의미일 것이라는 인상을 주지만, 실상은 그렇지 않다. 공식적인 의미 규정이 어떻든 일상생활 속 '네팔리'는 대부분 위험하고 천한 직업을 가진 네팔인들을 은근히 깔보는 인도인들의 의식을 담고 있다.

'네팔리'가 인종차별 성격이 강한 용어라면, 비하르 주 출신 사람이라는 뜻의 '비하리'는 지역 차별을 느끼게 한다. 한때 인도 역사상 가장 위대한 마우리아 왕조의 중심지였던 비하르는 영국 식민지 시절에 모리셔스, 수리남, 피지 건설현장에서 일할 계약노동자 공급지 구실을 했다. 또 그 당시에는 대규모의 비하르 출신 노동자가 수도 캘커타에 모여들었고, 독립 후 델리, 뭄바이, 펀잡으로 옮겨가서 자리잡았다. 오늘날의 부유한 펀잡 건설에 힘을 보탠 품꾼 상당수가 비하리였으며, 델리, 뭄바이 등 대도시의 인력거꾼, 릭샤 운전사, 택시기사, 경비원, 막노동꾼 다수도 비하르 사람들이었다.

물론 요즘 비하리는 사정이 크게 나아졌다. 정치인, 예술가, 관료, 과학자, 엔지니어 등으로 활동이 활발하다. 그들은 전문직 분야에서 인도 디아스포라의 주요 그룹을 이룬다. 그럼에도 불구하고 대다수 인도인의 눈에 비친 '비하리'는 여전히 천한 일을 도맡아 하는 사람들로 인식되어 '네팔리'처럼 조롱하듯 쓰인다. 더러는 영어식 표현으로 비하리를 '해리'라고 부르지만, 미국 백인들이 흑인을 천시해서 내뱉는 '니그로,' 영국인들이 인도·파키스탄 이민자들을 얕잡아 봐서 붙인 '파키'와 같이 경멸의 감정을 느낄 수 있다.

그렇다면 왜 비하르 사람들에 대한 인도인의 생각이 이처럼 달라지지 않는 것일까? 그들의 고향 비하르가 문제이다. 그동안 비하르 지도자들은 중앙무대 정치인과 고위관료를 설득해서 지역 개발에 필요한 지원을 받아낼 기회가 여러 번 있었으나 놓쳐버리고는 카스트 분열, 범죄, 종교와 계급 갈등, 부정부패로 날 새는 줄 몰랐다. 발전소 지을 돈, 빈민 구제용 식량배급에 쓸 돈, 농가 가축 사료 구입하는 데 지원할 돈을 빼돌려 잇속 챙기느라 바빴다. 결과는 인도에서 가장 가난한 고장 비하르로 남았다.

이런 우스갯이야기가 있다. 비하르 출신으로 연방 하원의원에 다섯 번 당선되고 15년간 주 총리를 역임했던 대표적 부패 정치인 랄루 야다브가 미국 상원의원 집에 초대되었다고 한다. 너무 으리으리한 정원과 집 안을 둘러보면서, 몇 푼 안 되는 봉급으로 어떻게 이토록 멋진 집을 마련했을까 궁금해하는 그를 상원의원이 조용히 창가로 데려갔다. 그리고는 저 멀리 강을 가로질러 세워진 다리를 가리키며 말했다. 다리가 보이시오?

예스(Yes).

20퍼센트!

랄루는 그게 다리 공사하면서 20%를 떼먹었다는 말임을 금방 알아챘다.

몇 달 지나서 이번에는 랄루가 그 상원의원을 자기 집으로 모셨다. 휘황찬란하게 꾸민 집에다 하인이 수백 명일 뿐만 아니라 자가용 헬리콥터까지 있었다. 빤한 정치인 봉급인데 무슨 수로 소문난 대기업 회장처럼 해놓고 사는지, 상원의원이 이를 의아해 하자 랄루는 창 너머 강을 바라봤다. 다리가 보이시오?

노우(No).

100퍼센트!

랄루의 대답이었다. 홀라당 다 해먹었다는 이야기다. 실정이 이러하다 보니 델리, 뭄바이 등 대도시 사람들은 비하리 억양을 들으면 연신 폭소를 터트리기 일쑤고, 비하르 출신이면서도 그곳 말투를 쓰지 않아야 오히려 찬사를 보낸다.

다행히 근래 이러한 긴긴 역사의 땅, 침묵의 땅, 부패 정치인 랄루의 땅, 경제적 후진성 가득한 땅 비하르에 변화 바람이 불고 있다. 비하리들은 지난 수백 년 동안 붓다, 찬드라굽타, 아쇼카, 아르야바타, 쉐르샤 등 옛 영웅들의 이야기 외에는 내세울 만한 게 없었다. 그러던 것이 2005년 지방선거에서 니티시 쿠마르가 부패한 비하르 지배자 랄루에게 도전해 장기집권을 끝장내고, 다시 2010년 선거에서도 대승을 거두면서 달라졌다. 비하르 주 총리 니티시는 뛰어난 리더십과 비전, 탁월한 청렴성과 사회적 약자를 향한 애정으로 주민들에게 새로운 희망을 줬다. 도로가 생기고 다리가 세워지고 저소득층 지원정책이 이어졌다.

니티시 쿠마르 정부는 출범 후 지금까지 연평균 11%의 경제성장을 이뤄냈다. 대내외의 극찬도 쏟아지고 있다. 만일 비하르가 앞으로도 꾸준히 발전한다면 옛날 옛적 마우리아 왕조의 영화를 다시 누리고 '비하리'라는 말 속에 담긴 의미를 바꿔놓을 수 있을 것이다.

레이건을 꿈꾸는 인도 배우들

최근 갤럽 여론조사에서 미국인들은 역사상 가장 위대한 대통령으로 로널드 레이건을 꼽았다고 한다. 2위는 에이브러햄 링컨이었다. 더러는 이러한 결과를 두고 세계사를 통틀어 대표적 위인의 한 사람인 링컨이 그저 잘생긴 외모와 화사한 미소밖에 내세울 것 없는 레이건에게 뒤진다는 사실을 안 믿을지도 모른다.

그러나 할리우드 영화배우 출신의 레이건은 정계 입문 후 과감한 리더십과 탁월한 소통능력을 발휘해 미국뿐만 아니라 전 세계에 신보수주의 바람을 몰고 왔던 국제적 스타였다. 당시 소비에트체제를 악마의 제국이라고 비웃으면서 고르바초프에게 베를린 장벽 해체를 요구한 것은 유명한 일화다. 그는 부드럽지만 원칙에 입각한 정치노선을 견지함으로써 냉전 종식의 물꼬를 텄고, 죽는 날까지 폭넓은 국민적 지지를 누렸으며, 역사에 뚜렷한 자취를 남겼다.

요즘 영화의 나라 인도에서도 로널드 레이건처럼 배우 경력을 가진 성공한 정치인이 곧 나타날 것 같다는 기대가 높아지고 있다. 다만 그 가능성은 지역에 따라 조금 차이가 난다. 남부의 타밀과 텔루구 쪽이 훨씬 잘해 왔다. 이미 거기에서는 주(州) 수상까지 몇 사람 배출할 정도로 성과가 괜찮았다.

타밀나두 영화인들에게 정치는 낯설지 않은 영역이다. 일찍이 1950년대부터 배우, 작가, 제작자 상당수가 정치사회적 이슈에 관여해 왔다. 그 결과 영화업계 종사자인 라마찬다란, 카루나니디, 자야랄리타를 타밀나두 주 수상으로 배출한 바 있다. 이웃의 안드라프라데시에서도 작고한 영화배우 라마 라오가 주 수상을 지냈다. 그는 1948~1982년 무렵 300여 편에 달하는 텔루구어(語) 영화의 주연을 맡았는데, 크리슈나를 포함한 힌두교의 신이 대부분이었다. 나중에는 뱅카데시와라 신을 연기하고, 흰색과 황토색의 긴 옷을 평상복으로 입고 다녔다. 안드라프라데시 주 수상 자리를 세 번이나 연임한 데는 이러한 이미지가 만들어 낸 대중적 인기의 힘이 컸다. 지금은 텔루구의 치란치비와 타밀나두의 라즈니칸드를 비롯한 또 다른 영화계 인물들이 심사숙고하면서 정계 입문 여부를 관망하는 중이다.

이에 비해 북인도와 볼리우드 계열 스타들은 어찌된 영문인지 그동안 정치판에서 이렇다 할 성과를 내지 못했다. 영화는 출연 작품마다 대박이 났을지 몰라도 정치하러 나가면 항상 쪽박을 찼다. 화려하게 정치를 시작한 고빈다는 요새 그동안 몸담았던 국민회의당에 대한 불만을 토로하면서 발을 뺄 준비를 하고 있다. 당과 후원자들은 또 그 나름대로 도대체 소통이 먹통인 고빈다의 자세에 실망했다고 한다. 인도 국민배우 아비타브 바찬은 1980년대 알라하바드에서 정치 베테랑 바후구나를 누르고 의회 의원으로 당선되어 드라마틱한 변신을 보여주는가 싶더니, 결국 "정치 세계는 내가 있을 곳이 못 된다"는 말을 남긴 채 쓸쓸히 떠났다.

하지만 고빈다와 바찬의 실패에도 불구하고 볼리우드 영화인들은 틈날 때마다 정계 진출을 노렸다. 아비타브 바찬의 아내인 영화배우 자야 바찬이 우타르프라데시에 기반을 둔 사회주의 정당 소속으로 의회에 들어갔다. 샤트루간 싱하의 경우는 인도인민당 당적을 가진 의원일 뿐만 아니라 연방정부 장관을 역임한 최초의 배우 출신 인물이 됐다. 그는 바지파이 총리 시절에 보건장관, 해운장관을 맡아 국정 운영 경험을 쌓았다. 이렇게 싱하처럼 어느 정도 성공한 사람은 극소수다. 수닐 두트는 다선의원에다 장관까지 두루 역임했는데도 영향력이 크지 않았다. 현재 정치에 관심을 가진 인도 배우로는 헤마 말리니, 자야파라다, 샤반 아즈미 등이 있다.

정치는 볼리우드 영화인들에게 늘 유혹의 대상이 되어 왔다. 아비타브 바찬이 정치판에 들어가기 전부터 다른 배우들도 그런 꿈을 꿨다. 인디라 간디 정부가 선거 부정을 규탄하면서 들고 일어난 대중의 집단행동을 긴급조치로 막으려 하자, 배우 데브 아난드는 주저없이 이에 맞섰다. 간디 총리를 공개적으로 비판하는가 하면 영화인끼리 정당 만드는 문제를 진지하게 고민했다. 물론 데브 아난드와 동료들의 다소 황당한 아이디어는 몇 번 토론되었지만 이내 뒷전으로 밀려났다.

타밀과 텔루구, 북인도와 볼리우드 영화인들은 오랫동안 정치 분야에 매력을 느껴서 시간, 돈, 에너지를 쏟아부었으나, 대중의 반응이 시원치 않았다. 이제라도 자신들이 바라던 바를 정치판에서 이뤄내기 위해서는 할리우드의 레이건을 부러워하기보다 비전 창조자 레이건을 닮아야 할 것이라는 충고를 해주고 싶다.

만모한 싱 총리

인도는 세계 최대 민주주의 국가라고 한다. 그 명성에 걸맞게 광활한 국토에다 중국 다음으로 많은 사람들이 살고 있으니, 한 번 선거가 치러진다 하면 그야말로 장관이다. 몇날 며칠을 간다. 지난번 총선은 4월 16일에 시작해 4월 22일·23일·30일, 5월 7일·13일에 걸쳐 실시되었고, 개표는 5월 16일에 이루어졌다. 그러니까 선거 첫날부터 투표함 뚜껑을 열 때까지 꼬박 한 달 걸렸다는 계산이 나온다. 우리 상식으로는 도저히 상상하기 힘든 시스템이 인도 사람들 스스로 만들어 낸 고유의 원리에 따라 움직인 것이다. 당시 선거에서는 7억여 명의 총 유권자 중 57%가 투표해서 집권여당인 국민회의당 주도 아래 뭉친 통일진보연합이 야당을 누르고 대승을 거뒀다. 승리의 일등공신은 만모한 싱이었다.

이미 1990년대 초반 라오 내각의 재무부 장관으로 일하면서 각종 개방정책을 입안해 명성이 자자했던 만모한 싱은 2004년 이후 총리직 재임기간 동안 인도 경제를 급성장시켰다는 찬사를 받아 왔다. 서민과 소외계층을 위한 지원책을 꾸준히 내놓아서 그들의 지지 기반도 탄탄하게 다져놨다. 과거 자전거 타던 사람이 지금 스쿠터 타고, 스쿠터 타던 사람은 자가용 타는 물질적 발전을 실감하자 더 잘살게 해달라는 바람이 담긴 표가 몰렸다.

경제적인 요인만 도움된 게 아니었다. 유권자들은 파키스탄과의 경쟁에서 확실한 우위를 차지하고 새로운 강자로 등장한 중국의 위협에 맞서 인도와 미국 간 전략적 협력관계를 강화해 나가는 정부의 정치외교적 역량을 높이 샀다. 이는 델리와 뭄바이 등 대도시 거주 중산층의 표심을 끌어당기는 긍정적 자극제였다. 이러한 성과를 바탕으로 만모한 싱은 자와하랄 네루에 이어 5년 임기를 꽉 채우고 재집권한 두 번째 인도 총리가 되었다. 비록 만모한 싱이 시크교도이지만, 이때만큼은 힌두 신께 두루두루 감사해도 좋을 경사였다.

여당이 선거에서 승리하기까지에는 다른 변수도 있었다. 이른바 전략의 차이와 네루·간디 가문을 향한 호기심이다. 집권당인 국민회의는 대히트를 친 영화 〈슬럼독 밀리어네어〉의 힌디풍 사운드트랙 '승리를 위해(Jai Ho)'를 공식 캠페인송으로 선정해 유권자 정서에 호소했다. 선거 슬로건은 농민과 도시빈민 등 서민의 삶에 초점을 맞춰 "보통 사람들이 잘살아야 인도가 강해진다," "보통 사람들을 구하자"를 들고 나왔다. 이에 비해 힌두 민족주의 성향의 보수 야당인 인도인민당은 '능력 있는 지도자, 과감한 정부'를 구호로 내세워 소냐 간디 당수와 만모한 싱 총리 중심의 양두체제를 선택한 국민회의당을 은근히 공격하고, 아드바니 총재가 단독 리더십을 행사하는 자당의 우월한 문제 해결 역량에 표심이 집중되기를 바랐다. 아울러 도시 중산층, 기업가와 상인, 종교·사회적 보수층을 겨냥해 인도인민당이 집권할 경우 보다 강력한 국가, 보다 안전한 나라를 만들겠다고 약속했다.

막상 선거운동이 본격화되자 세간의 눈과 귀는 네루·간디 가문에 모아졌다. 바룬 간디와 라훌 간디가 주된 주목 대상이었다. 라훌 간디는 인디라 간디 전 수상의 장남 라지브 간디의 자식이요, 지난 총선에서 일약 풍운아로 떠오른 바룬 간디는 둘째 아들인 산자이 자식이다.

인디라 간디는 살아 생전에 이탈리아 출신의 소냐라는 여성과 사랑에 빠져 정치를 멀리 한 큰아들 라지브 간디보다 열정적이고 야심만만한 차남 산자이 간디를 후계자로 키웠다. 그러나 산자이가 갑자기 비행기 사고로 사망한 후 그녀의 권력은 라지브 간디를 거쳐 며느리 소냐 간디에게로 전해졌다. 그동안 산자이의 미망인 말레카는 야당 쪽에 서서 아들 바룬 간디를 정치인으로 길러냈다. 2004년 선거 때 인도인민당에 포섭되어 백모 소냐 간디를 상대로 외국인이라 비아냥대면서 막무가내 공격을 퍼붓던 풋내기 바룬 간디는 선거법에 걸려 투옥되었다가 풀려나는 소동을 겪었으나, 어느새 소년티를 말끔히 벗고 이번에 모친의 지역구를 물려받아 국회의원으로 당선됐다.

그러나 인도 사람들은 네루·간디 가문의 한 집안 식구일지라도 외국인의 피가 섞이지 않온 바룬 간디와 그의 모친 말레카보다 이탈리아에서 시집온 국민회의당 당수 소냐와 그녀의 아들 라훌 간디를 더 좋아한다. 현실이 이러하므로 지금으로서는 다수 유권자의 지지에다 소냐 간디의 후원까지 확보한 만모한 싱 총리의 정치적 기반이 매우 튼튼할 수밖에 없다. 다만 머잖은 장래에 라훌 간디와 바룬 간디가 총리 자리를 걸고 사촌끼리 치열한 다툼을 벌여 인도 정국에 한차례 풍파를 몰고 오지 않을까?

매력적인 미술시장

불과 몇 해 전까지만 하더라도 인도 미술품은 내로라하는 수집가들의 관심 밖이었다. 세계적인 수집상은 아시아권에서 중국 현대미술에 주목할 뿐 인도 쪽은 거들떠보지도 않았다. 그런데 순식간에 상황이 급변했다. 근래 델리, 뭄바이 등지에 머물면서 미술관을 둘러본 외국인들이 달리 생각하기 시작한 것이다.

요즘은 인도산 섬유로 만든 옷을 걸치고 다즐링 차를 마시면서 인도 작가의 작품을 감상하는 세계적 수집상 숫자가 부쩍 늘었다. 온·오프라인 화실과 옥션에는 인도 작가의 작품 전시와 소개가 활발하고, 인도 현대미술의 거장이라고 할 수 있는 수자(F. N. Souza), 후세인(M. F. Husain), 라자(S. H. Raza), 스와미나단(J. Swaminathan), 메헤타(Tyeb Mehta)의 작품이 크리스티, 소더비, 본햄 경매시장을 거의 휩쓸다시피 한다. 덩달아 인도 미술품 가격도 치솟았다. 대수롭잖게 치부되던 인도 미술품이 시장의 주목 대상으로 떠오른 이유야 여럿이겠으나, 가장 그럴싸한 것을 들자면 범아시아에 속하는 인도의 위치가 독특하고, 오랜 종교적 전통과 고유의 색감을 간직하고 있으며, 독자적 기법과 표현주의, 입체파 등 서구 사조가 잘 접합되었다는 점이 꼽힌다. 물론 신흥 글로벌 경제강국으로 급부상한 국가 위상도 새로운 수요자 유발에 기여했다.

세계 시장에서 보여준 인도 미술품 판매 규모는 대단하다. 수년 전 크리스티 경매에서는 인도 미술품 판매 총액이 3,600만 달러에 이른 적이 있다. 후세인이 불멸의 서사시 마하바라타에 실린 고대 힌두신화를 소재화해서 1971~1972년 완성한 〈강가와 야무나 전투—마하바라타〉(Battle of Ganga and Jamuna—Mahabharata)가 1,600만 달러라는 엄청난 가격에 팔려 나갔다. 어둡고 음산한 느낌을 주는 람 꾸마르의 작품 〈유랑자〉(The Vagabond) 역시 이에 버금갈 만한 판매가를 기록했으며, 인도 현대주의 화풍을 이끌어 온 거장들인 메헤타, 수자, 라자, 브루타의 작품이 인기리에 거래되었다. 여기에다 인도 출신 신예 화가에 대한 관심이 매우 높아서 장래를 내다본 구매도 적극적으로 이루어졌다.

파인아트펀드 설립자 필립 호프만(Philip Hoffman)은 이처럼 드라마틱한 시장 성장세를 놓치지 않고 인디언 파인아트펀드를 내놨다. 인도 사람들이 뛰어난 재능을 발휘해 꾸준히 창조적 작업에 매진할 테고, 시장은 더욱 커질 게 분명하니까 지금이야말로 투자 적기라는 진단에 바탕을 둔 결성이었다.

필립 호프만의 결정은 현 상황으로 봐서 지극히 긍정적이다. 국제 경매시장 기록이 지구촌 애호가들의 흥미를 자극해 이들로 들썩이게 만들었다. 이제껏 인도 미술품을 사 모은 사람들 대다수가 서구인이었다면, 최근 들어 그 수요층은 우리나라, 중국, 싱가포르 등 아시아와 그 밖의 여러 나라 사람들을 포함할 만큼 넓어졌다. 벌써 인도의 유명 갤러리들은 한국인, 일본인, 중국인 손님맞이에 나설 준비를 끝마쳤으며, 일부는 한국과 중국 구매자들로부터 주문을 받아놓았다고 한다.

인도 미술의 주제에는 인도다움이 묻어난다. 강한 성적 에너지와 원초적 관능미의 조화를 추구하는가 하면, 정의와 악의 대립을 다루고, 인체를 독창적으로 해석하며, 포스트모더니즘에 눈길을 보낸다. 대내외적으로 이러한 분야의 예술성을 인정받는 가운데 급속한 경제발전에 힘입어 토착 콜렉터 기반이 점차 튼튼해지고 상업성을 발견한 미국, 영국, 프랑스의 거상들과 작은 해외 투자자들까지 몰려들면서 인도 미술계는 훨훨 날아가기 직전이다. '인도국제아트페어(India Art Summit)'는 말할 것 없거니와 델리대학교 미술대학원 학생들이 마련한 졸업작품 전시회에만 가더라도 이를 확인하게 된다.

한 가지 아쉬운 것은 과도한 쏠림이다. 인도 미술시장은 지나치게 델리, 뭄바이 주도로 형성되어서 지역 간 불균형 발전이 심하다. 작가는 델리와 뭄바이로 몰려든다. 콜카타, 첸나이, 하이데라바드, 방갈로르 등 경쟁력 있는 도시들은 아무리 애써 봐야 못 당한다. 이것만 고치면 인도 미술시장이 훨씬 더 알차고 매력적으로 자라날 텐데 안타깝다.

미래는 인도의 편이다

세계 자동차산업은 21세기에 접어든 오늘날에도 여전히 전도유망하다. 고작 연평균 2%밖에 안 되는 시장 성장률에다 생산업체 간 경쟁으로 불꽃 튀는 영역이지만, 전문가들의 전망은 낙관적이다. 그 근거는 새로운 수요 창출에 대한 기대에 있다. 인구 천 명당 승용차 보유 현황으로만 따지면 미국 900대, 유럽이 500대여서 이미 포화 상태에 도달했으나, 무서운 기세로 경제개발에 박차를 가하는 중국, 인도와 동유럽, 남미 국가들은 아직 한참 뒤떨어져 여유를 갖게 한다는 것이다. 실제로 세계 전체 평균 자동차 보유 대수인 150대와 비교하더라도 인구 15억 전후의 초거대시장인 중국과 인도의 경우 보유 수준이 10대 내외에 불과해 엄청난 추가 소비 잠재력을 지녔다고 볼 수 있다.

특히 인도는 몇 년 새 글로벌 금융위기 여파를 비교적 무난히 견뎌냈고, 4억 5,000만 명가량의 도시 중산층과 농촌 부농의 경제적 여력이 상당하며, 생애 최초로 승용차를 구입하려는 사람의 수가 늘어나 수요 현실화에 한발 다가선 듯하다는 인상을 준다. 이러한 구매력 상승 속도라면 2013년에 인구 천 명당 승용차 20대, 2016

년에는 30대까지 급증할 것으로 예상된다. 이는 세계 자동차업계 뿐만 아니라 인도 내부에 드리운 매우 밝고 의미심장한 청신호다. 왜냐하면 자동차산업은 인도 경제의 주력 부문이므로, 신속한 내수시장 회복과 확장이 사회 전반에 미칠 긍정적 파급 효과가 막대하기 때문이다.

현재 인도는 세계 유수의 자동차 생산국이다. 허약한 제조업 기반 위에서 숨가쁘게 달려온 인도의 자동차산업 성장률은 2000년대 들어 연평균 15% 가까운 실적을 유지했고, 종사자 수 역시 꾸준히 증가하였다. 인도자동차제조협회(Society of Indian Automobile Manufacturers)에 따르면, 우선 2003년부터 2010년 사이 승용차와 영업용 차량 생산량이 두 곱절 이상 치솟았다. 직간접적인 종사 인력은 천만 명 정도로 추산된다. 인도 정부는 자동차산업 미션 플랜(Automotive Mission Plan 2006~2016) 수립을 통해 2016년까지 자국 내에 세계 자동차 디자인 및 생산기지 육성, GDP 점유율 10%를 상회하는 1,450억 달러 규모의 산업화, 2,500만 개 일자리 창출을 목표로 설정했다. 만일 이렇게 야심찬 계획이 성공적으로 추진된다면, 2016년 즈음 인도 자동차산업의 연매출 규모는 1,220억~1,590억 달러에 이를 것으로 보인다. 이와 관련해 인도 정부가 먼저 취한 가시적 조처는 계획 발표 이듬해 승인한 마하라슈뜨라, 자르칸드, 하리아나, 웨스트 벵갈 지역 대상의 자동차산업 전용 특별경제구역 조성이었다.

세계 자동차 메이커들은 정부의 호의적 정책, 숙련되고 값싼 노동력, 풍부한 천연자원, 시장의 장래성을 반기며 앞다퉈 인도에 진출하거나 공장 증설에 나서고 있다. 일찍이 일본 스즈키는 인도 국영 자동차회사 마루티와 손잡고 마루티 스즈키를 세웠다. 최근에는 벤츠-인디아가 자동차산업의 신흥 메카로서 타타, 폴크스바겐, 피아트 조립라인과 부품회사들이 대거 포진한 뿌네 일대에 공장을 짓겠다고 밝혔고, 닛산은 차세대 미크라 유럽형 모델 생산지를 영국 선더랜드에서 인도 첸나이로 옮겼다. 도요타, 현대자동차, 혼다는 자신들의 소형차 생산허브 건설에 필요한 제2공장을 각각 방갈로르, 첸나이, 타뿌까라에 설립한다. 주요 해외 기업들이 이처럼 연이어 투자하고 단순 조립라인과 일관공정시설을 설치하면서, 인도는 명실상부하게 새로운 자동차산업 중심국가로 떠오를 수 있는 발판을 마련했다.

도약기의 자동차산업은 인도 근로자들에게 안정적이고 양호한 일터이다. 다른 직종에 비해 상대적으로 나은 임금에다 여러 가지 혜택이 많다. 물론 우여곡절도 있어서 2008년 글로벌 금융위기 때는 일시적 경기침체와 고용불안 탓에 노사 간 긴장이 높았다. 뿌네 자동차공업지대만 하더라도 평소 30만~50만 명의 계약직과 20만 명의 일용직 근로자가 일했는데, 위기상황이 되자 약 20만 명의 비정규직 종사자들이 일자리를 잃었다. 그나마 퇴출 대상에서 제외된 근로자들은 20~30% 임금 삭감을 고스란히 받아들였으니, 날아간 성과급과 초과수당을 감안한다면 급여가 절반으로 줄어든 것이나 마찬가지였다.

그러나 고통의 기간은 결코 길지 않았다. 인도 경제는 금융위기에서 빠르게 회복되어 다시 8% 이상의 눈부신 고도성장을 재개할 태세이다. 장차 인도가 10%에 근접한 성장을 하면서 중국의 성장 속도를 앞설 것이라는 세계 굴지의 전문기관 예측까지 나와 쾌속

질주를 향한 용기와 자신감이 배가되었다. 이와 함께 한동안 불안정했던 자동차산업 전반의 고용도 다시 활기를 되찾고 있다.

미래는 인도의 편이다. 지금 당장에는 외국 선진업체의 기술을 배우고 차근차근 축적하는 중이지만, 머잖아 세계적 경쟁력을 갖춘 인도 자동차 기업이 자연스럽게 부상하고, 미래 첨단 분야인 전기차, 하이브리드차 시장에서도 두각을 나타낼 것으로 점쳐진다. 벌써 세계 최저가 자동차를 들고 나왔던 타타가 미국 포드사로부터 명품 브랜드 재규어와 랜드로버를 인수하면서 소형차뿐만 아니라 최고급 승용차까지 만드는 메이커로 급변신하거나 레바(REVA)와 바비나 인더스트리(Bavina Industries) YC1021 등 인도산 친환경 전기자동차들이 선전하고 있다는 게 그런 전조이다. 뛰는 인도에 나는 인도 자동차산업이 있다.

복지국가 건설의 발걸음

어느 나라든지 경제적으로 나아지면 국민들이 더 편해지고, 더 안정되고, 더 행복을 느끼고, 더 삶에 만족해야 한다. 그렇게 만드는 것이 국가의 역할이다. 요즘 선진국들은 그 방안을 두고 이런저런 궁리에 빠져 있다. 메가트렌드가 변했기 때문이다.

세계보건기구 추정에 따르면, 인류의 평균수명은 2025년 73세로 늘어난다. 지구촌 인구 중 65세 이상 노년층 비율은 1997년 7%에 불과했지만, 2025년에는 10% 수준에 도달한다. OECD는 유럽연합 15개 회원국의 20~64세 인구 대비 65세 이상 노인 인구 비율과 관련하여 2005~2050년 중 27%에서 56%로 증가할 것으로 예측하고 있다. 미래 전망이 이러하니 유럽 곳곳에서는 연금을 개혁하고 노년층 고용 촉진정책을 시행하는 등 벌써부터 야단이다.

21세기 사회가 지식기반경제 위주로 재구성되면서 더 이상 완전고용, 평생고용을 기대할 수 없다는 것도 거대한 변화의 흐름 중 하나다. 이제 소위 선진 복지국가들은 스무 살 갓 넘어 취업한 후 일생 동안 수차례 직업이나 직장을 바꾸고 여의치 않을 경우 일자리 물색에 온통 매달려 살아야 하는 청년, 서민, 중산층의 행복을 지켜주고자 너도나도 사회 재설계를 외쳐댄다. 비용을 덜 들이고도 생산적이면서 공동체 안정에 보탬이 되는 대안을 찾아 나선 것이다.

세계 10위권 경제 규모의 인도는 이런 대응 형태로부터 몇 발짝 떨어져 있다. 선진국들이 과잉복지 여부로 논란을 벌이는 반면, 워낙 사회안전망 기초가 덜 갖춰진 가운데 근로자 열 명 중 아홉이 열악한 여건의 비공식 부문 종사자인 인도로서는 이와 다른 접근을 해야 하기 때문이다. 인도 정부는 초보단계에서 국민들에게 사회안전망을 제공할 수 있는 방법을 고민하기 시작했다. 수년간 연구 끝에 나온 해답이 신연금제도이다.

그동안 연금 혜택은 인도 국민들 중 공무원이나 고용주의 비용 부담이 가능한 20인 이상 직장에서 일하는 조직 부문 근로자들에게만 돌아갔다. 이는 약 4억 6,000만 명이나 되는 비공식 부문 근로자의 배제를 불가피하게 했다. 물론 퇴직기금, 고용기금 등을 통해 근로소득의 일정 비율을 저축하는 제도가 있었지만 7~15년 넘게 납부해야 수령이 이루어졌으므로, 차별적 상황의 비공식 부문까지 배려한 연금제도는 한시바삐 마련되어야 할 정책과제였다. 아울러 인도는 국민 평균 연령 20대 중반 수준의 혈기왕성한 국가임에도 고령인구가 1억 명에 육박하고, 스무 해 뒤에는 그 두 배에 달할 것으로 예상되어 준비가 필요했다. 또 청년실업을 줄일 방안이 뚜렷하지 않은 데다 조직화 부문 고용의 경우 오히려 감소 추세여서, 노후 준비가 안 된 고령자들이 늘어날 수밖에 없는 상황이었다.

애초 인도의 연금제도 개혁과 고령자 사회안전망 관련 논의는 1998년에 있었다. 당시 어려운 재정 상태에서 엄청난 돈을 투입해도 취약한 노후 대책 기능을 가진 연금은 정부의 큰 골칫거리였다. 도저히 그대로 두기 곤란하다고 판단한 정부는 연금제도 개선 위원회를 구성해 제도적 대안 모색에 나섰고, 2004년부터 군인을 뺀 공무원 대상의 새로운 연금 도입이 결정되었다. 나아가 2009년 들어서는 이를 일반 국민들에게도 적용하였다.

새롭게 도입된 연금은 소액으로 가입과 유지가 가능한 게 특징이다. 대개 인도 연금 상품의 한 해 납부액이 1만 5,000~1만 8,000루피인데, 새 연금제도는 6,000루피에 불과해 서민들에게 부담이 적다. 최근에는 이마저 가난한 사람들이 감당하기 버겁다는 지적에 따라 일용직 근로자의 경우 최저 가입금액을 없애기로 했다.

이렇게 인도 정부가 비공식 부문 근로자와 고령자를 위해 사회 안전망 재구축 차원에서 연금제도의 문제점을 정비한 것은 대단히 혁신적인 진전이었다. 그러나 과감한 결단에도 불구하고 고쳐야 할 게 남아 있다. 비록 부족한 부분을 다듬었다지만 새로운 인도식 연금은 다른 나라의 것과 다르다. 국민 각자가 자기 자신을 부양하는 체계이다. 대체로 연금이라 하면 개인이 근로소득을 상실했을 때 인간적인 생활을 하도록 보장해주어야 하는데, 인도의 제도는 특별한 보장성이 없고 정부 재정 지원도 아주 적다. 그래서 정부가 대국민 복지서비스 제공 책임을 교묘히 개인에게 떠넘긴 것이라는 비판이 따른다.

또 아무리 신연금 납부금이 많지 않다 하더라도 기존 수입으로 하루하루 생활 유지조차 힘든 다수 비공식 부문 종사자들로서는 저축하겠다고 달려들기가 쉽지 않다. 임금이 워낙 박한 데다 지급 날짜마저 들쭉날쭉해서다. 인도 대도시에서 피자 배달을 하는 젊은이의 한 달 수입이 대략 6,500루피 정도로 우리 돈 16만 원 안팎이고, 가정집 도우미는 요리, 청소 등 일에 따라 8,000~1만 루피를 받으니까 한화로 환산하면 20만~25만 원가량 된다. 릭샤 운전사, 자가용 운전사, 상점 판매원, 경비원, 중소기업 근로자 등 일용직을 포함한 대부분의 저소득층이 거의 비슷한 수준이어서 마음 편하게 연금을 들 수 있을지 강한 의문이 든다.

하지만 이러한 한계에도 불구하고 신연금제도에 대한 국민들의 관심은 상당하다. 인도 정부는 최저 가입금액을 없앤 저가 연금 공급을 계기로 비공식 부문 근로자들의 가입이 크게 늘어나리라 예상한다. 특히 향후 정부가 앞장서 홍보하거나 가입 창구 개설 과정의 문제점을 하나 둘씩 고쳐 나가고, 민간 기업들이 신연금제도 쪽에 눈길을 돌리면 폭발적인 가입자 증가단계를 맞게 될 것으로 본다.

아직 복지국가의 문턱에 들어서지도 못한 인도는 불완전하게나마 가장 기본적인 사회보험을 손질했다. 복지 서비스가 지나쳐서 축소해야 한다느니 재정 위기의 근본원인이라느니 하는 선진국의 정치경제 노선 투쟁에 비교해 볼 때 멀찌감치 뒤처진 미래 준비이다. 그렇더라도 일단 여성, 노인, 장애인, 아동, 저소득층이 골고루 행복을 누리는 인도형 복지국가 건설은 경제와 나란히 가기 위한 큰 걸음을 내디딘 것이다.

산업화와 촌락경제

우리는 매사에 당연하게 경제활동을 이윤 추구와 동일시하고, 토지와 노동을 사고팔아야 할 상품으로 생각한다. 이러한 인식은 누가 가르치거나 교육해서라기보다 태어나면서부터 저절로 몸에 밴 것이다. 그런데 사람이 살아온 역사를 거슬러 가다 보면 반드시 그렇지도 않다고 한다. 경제인류학자 칼 폴라니는 전근대사회의 경우를 예로 든다. 당시 경제는 오늘날처럼 사회, 문화의 우위에서 절대적인 힘을 행사한 독자영역이 아니라 공동체 규범에 종속된 한낱 부수장치였다. 재화를 생산하고 거래하고 분배하는 제도가 미분화 상태에 머물면서 가족, 정치, 종교적 의무수행의 일부로 작동했다는 얘기다. 그 시기의 경제린 곧 호혜성, 사용기치, 자급자족에 근거한 생산이었고, 사람의 생존은 공동체 구성 원리에 따른 도덕적 권리나 의무로 인정될 뿐 상품으로서의 노동 판매, 이윤 획득을 위한 시장 활동과 무관했다.

공동체 규범의 일부이던 경제영역은 산업화, 자유시장체제의 등장과 함께 이를 완전히 떠나 거꾸로 지배하려 들었다. 보이지 않는 손의 작용, 자기 조절적인 기능과 밀접하게 맺어졌다고 알려진 시장에는 산업 생산에 필요한 토지, 노동, 화폐가 상품화되어 나왔으며, 호혜적 거래는 이익 추구 열망으로 똘똘 뭉친 개인과 집단의 이기심에 설 자리를 잃었다. 하지만 폴라니에게 자기 조절적 메커니즘에 기반을 둔 시장경제는 결코 달성 불가능한 꿈일 따름이다. 어떤 식이든 사회가 사탄의 맷돌로 상징되는 시장 기제를 다시 공동체 규범 안에 일정하게 담아내지 못한다면 노동력을 가진 사람, 대지를 품은 자연의 황폐화는 불을 보듯 뻔한 일이다. 살기 위해 노동하는 사람은 비참해지고, 밭 갈고 논 갈던 땅은 파헤쳐지고, 사람들끼리 소박하게 어울려 살던 촌락은 무너진다. 이것이 폴라니의 생각이었다.

간디는 폴라니에 앞서 이 문제를 우려하고 고민했다. 당시 전근대적이던 인도에는 영국의 식민지배가 시작되면서 새로운 서구화 바람이 불고 있었다. 드넓은 땅에 요지와 요지를 잇는 철도가 놓이고, 신식 제도가 도입되고, 유럽식 학교가 세워지고, 기계로 짠 옷감이 들어왔다. 이러한 서구 산업문명에 대한 간디의 반응은 부정적이었다. 자신이 영국 유학 시절 느낀 바와 아프리카 생활의 경험, 깊고 깊은 사색의 영향이라고 할 수 있는데, 산업문명은 착취에 토대를 둬서 장차 인류에게 저주와 질곡이 될 것이므로 영국 지배를 거부하면서 영국식 문명도 몰아내야 한다는 믿음이 강했다. 간디가 갈망한 인도의 미래는 거대하게 기계설비를 갖춘 공장, 갖가지 물건들로 차고 넘치는 시장, 잘 꾸며지고 화려한 도시 대신 자급자족하는 촌락공동체를 위주로 한 대중 주도의 자치적 민주사회에 있었다.

그래도 가난에 허덕이는 사람들을 걱정한 다수 인도인들이 도시 중심, 공업 중심의 발전이 나아갈 길이라고 매달릴 때면, 산업문명은 필연적으로 인간성 상실을 초래하고 그 꽃인 도시의 경우 촌락을 착취해서 번성한다는 게 간디의 답이었다. 그가 보기에 찬란한 문명의 땅 인도는 영국인들의 야만적 침략으로 식민지화되었지만, 또 다른 면에서는 인도 사람들이 비극을 자초했다. 어느 틈엔가 인도 사람들은 돈 많고, 몸 편하고, 옷 잘 입고, 맛난 음식 먹는 것을 행복이라고 신봉하는 세속적 욕망과 미신에 사로잡혀 버렸다. 오로지 경제적 이익, 물질적 풍요로움, 일신의 안락만 좇으면서 가족, 이웃, 공동체를 내팽개친 것이다. 그러다 보니 영혼은 서구 산업국가의 약탈에 적합할 정도로 메마르고 사나워졌으며, 시골마을이 스러지고 삶의 터전이 송두리째 뿌리 뽑히고 사람이 굶주려도 거들떠보지 않았다. 이를 죄악시하던 간디는 산업화, 도시화, 기계화, 상품화를 통한 경쟁, 이윤 추구, 물질적 만족보다 수공업, 생산의 대중 통제, 촌락자치에 의존한 자급자족과 공동체 공존, 정신적 평화 실현을 이상으로 삼았다. 서구식 산업생산, 도시생활에 맞서 수공업, 촌락의 삶을 살도록 인도인들을 독려하면서, 그는 몸소 물레를 돌렸다.

　지금 간디의 이념은 인도인들에게 유물이다. 세계 최대 민주주의 국가이자 중국과 경쟁하면서 세계 최대 경제대국으로 도약하고자 산업화, 세계화에 들뜬 인도 사람들 처지에서는 간디의 가르침이 생뚱맞고 어색할 수 있다. 다시 좋은 집, 좋은 자동차, 좋은 옷, 좋은 음식을 최고로 치고, 시장, 이익, 경쟁이 최고 가치로 스며든다. 그 위세는 어제 다르고 오늘 다르다. 자급자족을 위한 촌락자치, 촌락공동체, 촌락경제 발상 중에 살아남은 것이라고는 농촌 주민들이 손수 만든 직물, 허브 향료, 화장품 등을 판매할 수 있도록 정부 중소기업부가 지원하는 정도이다. 마을을 되살리는 게 인도 생존에 꼭 필요하다는 정책적 신념은 없다. 촌락 협동체에 의해 생산된 제품은 주민 직영점과 정부 운영시설을 거쳐 국내외로 나가는데, 이마저도 도시화, 산업화가 급진전되면 존속을 장담하기 어렵다.

헬레나 호지는 외부인으로서 인도 촌락공동체, 촌락경제의 변화를 아쉬워한다. 개발 바람이 불기 전 그녀와 인정을 나눈 라다크 사람들은 히말라야 산중에 안긴 채 경쟁이 무엇인지, 이익 극대화가 무엇인지 모르고 서로 도와가며 자급자족의 삶을 살았다. 자신들이 먹을 것, 입을 것, 머물 공간은 스스로 구하고 장만하고 만들었다. 호지 여사가 지켜보기에 그런 라다크인들의 내면에는 사랑과 배려심과 평화로움이 가득했다. 그러나 개발이 시작되고 서구식 물질문화가 유입되면서 오랜 자급자족의 전통과 공동체정신은 점차 허물어졌다.

호지 여사뿐만 아니라 '작은 것이 아름답다'고 외치면서 중간기술, 대중작업, 대중생산을 중시한 슈마허 등 수많은 사람들이 간디의 생각에 동조하고, 비인간적인 거대기술, 공동체에 적대적인 산업화를 비판하지만, 다수 인도인들은 그렇지 않다. 오히려 중국 칭하이성 남부 도시 거얼무와 티베트 수도 라싸를 연결하는 칭짱 고원철도가 개통되어 외부 관광객들로 터져 나가자 이를 둘러싸고 대립한 중국인들과 달라이라마의 관계를 떠올린다. 달라이라마는 고요하던 티베트인들의 의식을 물질에 빠지게 한 칭짱 철도를 문화적 학살도구라고 비난했다. 그러자 중국인들은 "티베트가 발전하지 말아야 할 구실이 무엇인가? 칭짱 철도 개통을 비판하는 사람들은 티베트인들에게 정체된 문화표본으로 남아주기를 바라고 있다"고 달라이라마를 공격했다. 인도인들도 촌락자치, 촌락공동체, 촌락경제 지지자들을 향해 똑같은 심정으로 묻고 싶어한다. 인도가 급속히 산업화하는 것을 트집 잡는 까닭이 무엇인가? 인도의 산업화를 아쉬워하는 사람들은 이 땅이 박제된 문화박물관으로 머물기를 바라는 것인가?

서구인들은 인도 전통가치에서 산업문명의 대안을 더듬고, 인도 사람들은 뒤늦게 서구 물질주의에서 욕망의 돌파구를 찾으려 한다. 헤매다 보면 만나게 되어 있다.

이제 나는 가련다, 이니스프리로 가련다.
거기 진흙과 나뭇가지로 작은 집 짓고
아홉 이랑의 콩밭 갈며 꿀벌도 치며
벌 소리 잉잉대는 숲속에 홀로 살리라.

그러면 거기 평화가 있겠지.
안개 낀 아침부터 귀뚜라미 우는 저녁때까지
그곳은 밤중조차 훤하고 낮은 보랏빛
저녁에는 홍방울새 가득히 날고.

이제 나는 가련다, 밤이나 낮이나
기슭에 나직이 호숫물 찰삭이는 소리
가로에서나 회색 포도 위에서나

내 가슴속 깊이 그 소리만 들리누나.

—W. B. 예이츠, 이니스프리의 호도(湖島)

예부터 인도 상인은 중국 상인, 유대 상인과 더불어 세계 3대 장사꾼이라 불린다. 그들은 대대로 가업을 이어가는 상인 카스트의 일원으로서 이윤 획득을 자신에게 부여된 종교적 책무이자 가문의 전통이라 여겨, 오로지 한평생 그 일에 충실하고자 한다. 부지런히 일하면서 거래를 통해 이윤을 남기는 행위 자체가 신앙에 충실한 윤리관이고 인생의 가치관인 것이다. 그런 정신 자세로 단단히 무장한 인도 상인들은 동남아시아, 아프리카, 유럽, 미국 등 세계 각지에 흩어져 뛰어난 비즈니스 역량을 발휘해 왔다.

놀라운 장사꾼 기질을 가진 인도 사람들이 다시금 세인의 관심을 끌게 된 지는 얼마 안 된다. 그동안 유대인들은 미국 월스트리트와 세계 금융시장을 쥐락펴락할 수 있는 실력을 쌓았고, 중국인들도 안으로 본국의 거대기업을 일으키는가 하면, 밖에서 그토록 상력하다는 유대계 자본에 맞설 정도의 재력을 축적했지만, 인도 사람들의 움직임이라고는 딱히 눈에 띄지 않았다. 지켜보는 이들로서는 아마 당장의 이익을 거두는 데 급급하다 보니 이윤 발생이 느린 제조업에 뛰어들기를 꺼리거나 유대계, 중국계, 중동계 상인과 경쟁해 뒤졌기 때문일 것이라고 생각했다.

그런데 그게 아니었다. 인도 상인들은 어느새 두바이를 비롯한 중동 지역 상권을 좌지우지할 정도로 무시하지 못할 세력으로 성장했고, 동남아시아와 동부 아프리카 등지에도 튼튼한 기반을 닦아 놓았다. 이뿐만이 아니다. 경제전문지 『포브스』의 2010년 세계 억만장자 리스트 발표를 보면, 10억 달러 이상 순자산을 가진 인도 부자가 2009년보다 17명 늘어난 69명이나 됐다. 그중에 두 사람은 200억 달러를 훨씬 웃도는 막강한 재력가로 세계 10대 부호 안에 들며, 100억 달러를 넘어서는 재산을 보유한 세 사람의 경우 40위 내에 포함되었다.

인도 출신 세계 10대 부자로는 릴라이언스 인더스트리의 무케시 암바니 회장이 4위, 아르셀로 미탈스틸의 락시미 미탈 회장이 5위였다. 이미 잘 알려진 것처럼 인도 국내총생산의 3%, 수출의 15%를 차지하는 최대 민간기업인 릴라이언스그룹 대표자 무케시 암바니는 『포브스』의 2007년 세계 억만장자 발표 때 빌 게이츠 마이크로소프트 회장을 밀어내고 당당히 지구촌 최고 갑부로 등극한 적이 있었다. 한 단계 아래 위치한 락시미 미탈 회장은 60개 나라에 수십만 명의 직원을 거느린 철강재벌이다. 그는 세계 최대 철강기업 아르셀로 미탈스틸의 최대주주일 뿐만 아니라 거주국인 영국의 최고 부자이기도 하다. 세계 40대 부호에 이름을 올린 사람들은 위프로테크놀로지의 아짐 프렘지 회장, 릴라이언스 ADA 아닐 암바니 회장, 에사르그룹의 샤쉬 루이아와 라비 루이아 형제였다. 인도 억만장자는 대부분 몸속에 전통적인 상인의 피가 흐르는 사람들이다.

세계적 기업 최고경영자들의 활약상도 눈부시다. 인도 출신의 잘 알려진 글로벌기업 경영자에는 비크람 판디트 시티그룹 회장, 인포시스의 나라야나 무르티, 난단 니레카니 전 회장과 크리스 고팔라크리슈난 현 회장, 썬 마이크로시스템즈 공동창업자인 비노드 코스라, 파티게이밍 창업자 아누라그 딕쉬트, 맥킨지의 라자트 굽타 전 회장, 보다폰의 아룬 사린 전 회장 등이 있다. 이들이 글로벌기업 CEO로 돋보인 배경은 출중한 지식과 실력, 탁월한 경영 수완과 원어민 수준의 영어 구사력 등 여럿이다. 하지만 다수 전문가들은 더 중요한 요인으로 인도인 특유의 침착함을 든다. 인도인들에게 친숙한 요가, 명상을 통해 흥분과 동요를 가라앉히고 냉철하게 사리 판단을 할 줄 안다는 설명이다.

한편 『비즈니스위크』에 소개된 펜실베이니아 경영대학 연구보고서 「인도식 리더십의 DNA」는 인도 출신 CEO의 강점을 유연성이라고 보았다. 미국, 영국식 교육을 받아 서구식으로 생각하되 행동 기준은 인도식이어서 영미권의 경영방식과 인도 문화 접목 능력이 뛰어나다는 것이다. 이처럼 유연한 사고력은 뜻밖의 위기 발생 시 빠른 대응력과 적응력을 유발시킨다는 분석이었다. 직관에 크게 의존하지만 전략적 사고에 바탕을 둬 위험 감수력이 빼어난 것도 강점이라는 평가를 내렸다.

인도 상인들은 신용을 중시하고, 계약에 철저하며, 뛰어난 협상력을 지녔다는 점에서 유대 상인, 중국 상인과 닮았다. 그러나 두 세력이 두각을 나타낼 때 인도인들의 장사꾼 기질에 일시적인 한계가 몰려든 것인 양 있는 듯 없는 듯하더니, 이제야 국내외적으로 타고난 능력을 마음껏 선보이고 있다. 드디어 오랜 세월에 걸쳐 쌓고 쌓은 3대 상인세력 간 장엄한 실력 대결이 시작된 것이다.

셰익스피어 열풍

셰익스피어는 영국의 국민 시인이자 세계 역사상 가장 뛰어난 극작가로 손꼽힌다. 영국 역사가 토마스 칼라일은 당연히 그토록 위대한 '셰익스피어를 인도와 바꾸지 않겠다'고 했다. 식민지 인도야 언젠가 잃게 될 남의 땅이지만, 셰익스피어는 영국인들의 정신적 자산이므로 결코 포기할 수 없다는 것이다. 혹시 오늘날 경제적으로 성장을 거듭 중인 인도를 다시 본다면 칼라일이 마음을 고쳐먹을지 모르겠으나, 윌리엄 셰익스피어 사후 수백 년간 한 사람의 위대한 작가 덕택에 엄청난 영광과 행복과 기쁨을 누린 상당수 영국인들은 여전히 그의 생각에 공감한다.

그러나 요즘 인도에서는 뜻밖의 상황이 목격된다. 지난날 칼라일 때문에 자존심 상했던 인도 사람들은 요새 열심히 셰익스피어를 읽는다. 벌써 여러 작품이 지방 부족의 방언으로 번역되었는데, 자르칸드와 오리사 언어인 산탈리로 옮겨진 『한여름 밤의 꿈』은 꽤 많이 팔렸다. 또 차티스가르 정글에 인접한 도시 코르바에서는 셰익스피어 희곡 번역작업이 한창이다. 기업체 연구원으로 근무하면서 이 일을 주도해 온 마하비르 프라사드는 자기 부족민에게 영문학을 소개하겠다는 열의에 가득 차 있다.

한때 식민지배 세력에 의해 유입된 셰익스피어 희곡을 자신들의 부족 언어로 번역하고 인도인의 입장에서 재해석한다는 것은 중요한 의미를 지닌다. 볼리우드는 이러한 시도의 숨은 선구자로서『착각희극』과『오델로』등을 새롭게 각색해 영화를 만들었다. 연극인들 역시 인도식 셰익스피어 창조과정에 힘을 보탰다. 그들은『한여름 밤의 꿈』,『리어왕』등 셰익스피어의 명작을 인도 전통극 형식과 접목시켰으며 일부 공연의 경우 등장인물도 인도 사람에 가깝도록 바꿔 성공을 거뒀다. 책, 영화, 연극에 대한 반응이 얼마나 대단한지 이참에 아예 바드(Bard, 셰익스피어의 별칭)를 이방인으로 대하지 말고 인도인으로 인정하자는 주장까지 공공연하게 나온다.

일찍이 칼라일의 언급을 두고 인도 사람들에게 실례를 범했다는 생각을 한 영국인들이 있었는데, 지금 자르칸드, 오리사, 차티스가르, 마하라슈트라 등지에서 일어나는 셰익스피어 열풍을 볼 때 괜한 걱정을 했다는 생각이 든다. 결정적 요소는 친밀감이다. 마리티 극장 감독의 말에 따르자면, 인도 관객들은 셰익스피어 극의 줄거리만으로는 외국산이라는 사실을 거의 눈치 못 챈다. 바드의 이야기는 오랜 세월 지나서도 대중들 미음을 흔들 만큼 보편성을 지녔다는 것이다.

이와 관련해 어떤 인도 희곡작가는 평하기를, "셰익스피어는 마치 마하바라타와 라마야나 같다. 이야기를 반복해서 듣고 또 들어도 질리지 않는다. 등장인물은 우리 현실에 잘 어울려서 어색한 줄 모르겠다"고 했다. 그러니 셰익스피어 작품 자체가 생활 저변에 스며들어서『베니스의 상인』중 치명적인 대가를 뜻하는 'pound of flesh,' 『로미오와 줄리엣』 중 발코니 대화에 나오는 'what's in a name', 『햄릿』의 'to be or not to be'라든지 희곡 제목인 'Much Ado About Nothing'과 'As You Like It'은 어느새 인도식으로 일상영어화되었다. 심지어 더러는 지방 방언까지 어원을 모른 채 셰익스피어의 어휘를 따온다.

영화 쪽인들 다를 리 없다. 셰익스피어에 근거한 것이라고 할 수 있는 서브플롯이 대유행이다. 『베니스의 상인』을 떠받치는 주요 장치인 남장 여인과 『로미오와 줄리엣』을 통해 묘사된 원수 집안 출신 남녀 간 사랑 등은 인도 영화의 단골메뉴다. 이제 이런 구성은 너무 흔해빠져서 극장에 걸린다 해도 볼리우드가 창작한 아이디어려니 여겨 자연스럽게 넘어간다.

셰익스피어가 인도 사람들 마음속에 깊이깊이 자리잡았다는 것은 콜카타 중심부를 일러 '셰익스피어 사라니'라 부르는 데서 분명히 드러난다. 어찌된 조화인지 토마스 칼라일이 인도와 바꾸지 않겠다고 했던 영국의 정신적 자산 '바드'는 다시 인도에서 살아난 셈이다.

소똥과 데톨 비누

인도인들이 소를 신성시한다는 사실은 잘 알려져 있다. 실제로 인도를 여행하다 보면 대로를 유유히 거니는 소, 거리의 화단에 드러누운 소, 아예 도로 한가운데를 차지해 버린 한 무리의 소 떼를 만나게 된다. 이는 델리 시내 풍경의 일부이고, 아그라행 고속도로상에서 스쳐가는 영상이며, 바라나시 골목길의 일상적인 광경이다. 이와 관련하여 마하트마 간디는 암소 숭배를 지켜야 진정한 힌두라는 입장을 취했다. 그 자신이 어린 시절에 고기를 먹다가 양심에 찔려서 일생 동안 채식주의자로 살았다는 일화도 있다.

그런데 역사 기록은 흥미롭다. 고대 힌두는 쇠고기를 즐겨먹고 손님에게 대접하며 신전에 제물로 바쳤다는 이야기가 전해진다. 리그베다에는 힌두들이 종교적인 목적으로 암소를 잡았다고 적혀 있다. 간디는 이를 인정하면서 말하기를 "베다에 암소 희생이 언급된 것을 안다. 산스크리트어로 적힌 책에서 고대 브라만들이 암소 고기를 먹었다는 내용을 읽은 바 있다"고 했다. 하지만 그는 자신의 정치적 지지세력인 힌두를 배려해 옛날 풍습을 자세히 들춰내는 것을 삼갔으며, 후일 한발 더 나아가 인도 헌법에 암소 보호 조항을 넣는 데 힘을 보탰다.

소를 신성시하고 숭배하는 종교적 풍습은 인도 사람들의 실생활에서 그대로 살아 움직인다. 아유르베딕이라는 전통의학 분야 종사자들은 소 오줌의 효능을 극찬한다. 적당량의 소 오줌을 마시면 저절로 다이어트가 되고 위궤양과 복수 수종이 말끔히 낫는다고 가르친다.

촌락에서는 또 다른 모습을 목격할 수 있다. 한적한 시골마을 사람들은 소똥을 비슈누 신의 무기인 원반과 동일시하여 아주 귀하게 다룬다. 집집마다 방바닥과 벽을 소똥으로 바를 정도다. 나쁜 물질에 오염된 땅은 우유를 뿌리거나 하루 동안 소를 머물게 해서 깨끗이 정화시킨다.

이방인들이 아무리 비과학적이라면서 부작용을 강조한들 힌두의 이러한 믿음은 흔들리지 않는다. 누구든 동물의 배설물에 닿으면 바로 접촉 부위를 씻기 마련인데, 힌두 신자는 소똥을 무균의 무해한 물질이라 여겨 아무렇지 않게 만진다. 여인네들이 소똥에다 진흙을 섞어 둥근 모양을 내는 장면은 여기저기서 눈에 띈다. 그렇게 모아서는 농사용 퇴비로 뿌리고, 조리용 연료로 태우며, 곤충 퇴치용 방충제로 쓴다.

인도 사회에서 소가 누리는 위상은 브라만에 버금가고 바이샤, 크샤트리아, 수드라보다 우월하다. 전통적으로 힌두법은 브라만의 소를 훔치거나 잉태한 소의 콧구멍을 찌른 사람에게 왼쪽 발 절단형을 내리도록 엄히 규정했다. 오늘날에도 도로에 뛰어든 소를 피하다가 발생한 자동차 사고는 천재지변으로 인정해 쌍방 간의 볼썽사나운 다툼이 안 일어난다.

거리를 어슬렁거리는 소

　위낙 특별대접을 받아서 그런지 몰라도 인도에는 소가 많다. 도로변, 음식점 앞, 채소가게 주변, 나무그늘 밑을 어슬렁거리는 소까지 합쳐서 어림잡아 2억 마리는 훌쩍 넘을 것이라고 한다. 이를 두고 인기 고전『소공녀』의 모델이 되었다는 국제기숙학교 '우드스톡'에 들른 어떤 인도 주재 미국 대사는 학생들에게 이런 에피소드를 들려줬다. "빌 클린턴 미국 대통령이 인도를 방문할 때 딸 첼시와 동행하게 됐다. 인도 여행 경험이 있었던 첼시는 비행기 안에서 아빠에게 거리를 활보하는 소에 대해 애기했다. 그러나 정작 인도에 도착해서는 말수가 줄어들었는데, 이곳저곳 둘러봐도 소를 발견하지 못해서였다. 실의에 빠진 딸을 안쓰럽게 생각한 클린턴이 소 없는 거리가 된 이유를 물었다. 경호상의 문제로 길목을 통제 중이라는 대답이 돌아왔다. 인도 정부에 사정을 정중히 설명한 다음에야 길가에 소가 나타났고, 체면을 세운 첼시의 얼굴이 밝아졌다"는 것이다.

　물론 시간이 흐를수록 진열대의 채소를 물어가고 과일을 흠집내는 소를 그냥 두는 채소가게 주인, 과일가게 주인은 줄어드는 추세다. 종교적으로는 성스런 동물이 자신의 채소와 과일을 정결케 했으니 반길 일이겠지만, 실제로는 실익이 없어 쫓아버린다. 농촌 사람들은 몰라도 인도 도시 사람들의 경우 소똥보다 데톨 비누가 청결 유지에 더 효과적이라는 것을 깨달아가고 있다.

아직은 촌락과 농민의 나라

누가 권력을 잡을 것인가? 2009년 총선을 앞두고 인도국민회의가 연거푸 승리할 것인지, 그렇지 않으면 인도인민당으로 다시 정권이 넘어갈 것인지는 세계인들의 주목거리였다. 선거는 당초에 치열한 접전을 펼치리라 예상됐으나, 절대다수 국민들이 국민회의 손을 들어줘 예상 외로 싱겁게 끝났다.

그 핵심 배경은 이렇다. 2004년 선거에서 고른 분배를 외치며 인도인민당 주도 시대를 끝낸 국민회의는 연합 정당들과 힘을 모아 전임 정권의 경제정책 명맥을 살렸고, 2008년 하반기에 경제 위기가 닥치기 전까지 고도성장을 이어갔다. 분배에 소홀함이 없도록 하겠다던 공약도 농촌지역 국가 고용보장제도(National Rural Employment Guarantee Scheme)를 내세워 지켰다. 농촌 촌락 거주 인구가 75%에 가까운 현실을 감안할 때 이야말로 인도 사람들의 표심을 사로잡으면서 국민회의의 재집권까지 가능케 한 정책이었다.

우리도 그런 적이 있다. 본격적으로 경제개발을 추진할 당시 정부와 여당은 도시 살림, 농촌 살림에 차이가 너무 나고 민심이 동요할까 봐 무척 신경을 썼다. 도시로 안 나가고 농사짓는 사람의 숫자가 훨씬 많은 판에 수출 증대, 농공 병진, 사회 안정을 모두 이루자면 농촌, 농민 마음 붙잡기, 농가 소득 올리기를 게을리할 수 없었다. 새마을운동이 순식간에 번져 나가면서 여러 모로 농촌을 바꿔놓았다. 요즘 중국 지도자들이 고심하고 또 고심하는 것도 도시보다 못한 살림의 농촌, 임해 지역보다 못한 처지의 내륙 지역 사람들을 달래고 기 살릴 방안 찾기이다.

인도국민회의도 고민했다. 그래서 거대한 농촌, 엄청난 숫자의 농촌 거주자들 마음을 얻고자 내놓은 정책이 국가 고용보장이다. 형편 어려운 농촌 사람들에게 일자리 잡을 기회를 주고, 최저임금을 제공해서 농가 살림, 지역 경제를 살리겠다고 준비했다. 이는 2006년부터 시행에 들어갔는데, 의회가 고용에 대한 국민의 권리를 확실히 법으로 인정한 게 중요하다. 법령은 각 가구마다 일 년 중 최소 100일의 고용 보장, 여성 등 사회적 소외계층에 30% 이상 일자리 할당을 명시해 평등한 국가 건설과 공정한 분배 의지를 반영했다. 이렇게 인간다운 삶을 강조한 국가 고용보장제도 시행과 관련해서는 2006년 2월 200개 지역이 대상지로 지정되었고, 2007~2008년에는 130개 촌락구역이 새로 추가되었으며, 머잖아 공간적 정책 수혜 범위가 인도 전역으로 넓혀질 듯하다.

지역개발부 연차보고서에 따르면, 2007~2008년의 경우 무려 2,750만 가구가 고용보장 사업에 참여했다고 한다. 이 과정에서 절반이 넘는 일자리가 소외 계층 몫이었다. 그러다 보니 고용보장 사업은 농촌 빈곤층 생계에 큰 보탬을 주었을 뿐만 아니라 여성 경제활동 활성화에도 상당히 기여하였다. 아울러 고용 인력이 수리·관개시설을 보수하고 새로 만드는 일, 홍수·가뭄을 예방하는 일, 질병 발생을 미리 막는 일 등에 투입되어 농촌 주민 생활이나 안전과 밀접한 인프라 확충, 동원 자원 확보, 서비스 제고가 수월해졌다. 효과는 또 있다. 국가 고용보장제도는 인도 농업 노동자들의 인식을 일깨웠다. 최저임금이 뭔지 모르던 사람들에게 이를 알게 했다. 비록 임금 지급을 둘러싸고 다소 문제점이 지적되지만, 인도국민회의가 분배 차원에서 고민하고 고민해 만든 국가 고용보장은 이리저리 뜯어볼 만한 정책이다.

세계인들이 깜짝깜짝 놀랄 정도로 빠르게 발전하는 사회라고 하더라도 국민회의의 정책과 고민을 보면, 인도는 아직 촌락과 농민의 나라인 게 분명하다. 열 사람 중 일곱, 여덟이 농촌 촌락에 살고, 카스트 영향 아래서 지내고, 늘 마땅한 일거리를 구한다. 지금 인도 정치인들은 어느 순간 뜻하지 않게 농촌에 살던 비하르 사람

직접 재배한 야채를 파는 농민

들, 웨스트 벵갈 사람들, 오리샤 사람들의 도시를 향한 대거 이동을 넋 놓고 바라봐야 할지 모른다는 걱정을 한다. 그렇다고 간디 방식으로 되돌아갈 수 없으니 농촌 사람 보살피는 정책이 나온 측면도 있다. 급격한 농촌 붕괴는 곧 급격한 카스트제도 붕괴를 유발하는데, 그렇게 되면 자신들은 소중한 보호막 없이 발가벗어야 하니까 이 역시 괴롭다. 아무튼 정치권에서는 뭄바이, 델리, 첸나이, 하이데라바드 등등 도시가 준비될 때까지 농촌 사람들은 농촌에 남아 달라는 신호를 보내고 있다.

여가 보고서

아니타는 일요일에 친구들과 어울려 놀러 다니지 않는
다. 델리 근교의 마을에 있는 작은 학교에서 가난한 아이들을 가르
친다. 라디오 방송국 프로듀서 라마는 틈만 나면 그림 그리기, 공
예품 만들기, 컴퓨터로 디자인하기를 즐긴다. 소프트웨어 회사의
컨설턴트인 비바하는 한가할 때 집 안을 장식하고 가구를 재배치
하는 데 열중하면서 스트레스를 푼다. 남인도 음악을 대중화시킨
까비타 사라라야는 전통문화에 관심이 많아서 무용 공연과 연주회
관람으로 시간을 보낸다.

아미트는 책 읽고 텔레비전 시청하는 것이 휴일의 소일거리이
고, 모한은 힌디 영화 감상이 거의 유일한 낙이며, 핑키는 쇼핑몰
나들이 갈 때 가장 행복하다. 광고전문가 쥬드 라자로는 짬짬이 짐
을 꾸려 캠핑 떠나는 것, 사진 찍는 것, 드럼 치는 것에 재미 들였
다. 스리니바사는 가까운 동료와 전화로 수다 떨기를 좋아한다.

대부분의 사람들이 그렇게 산다. 최근 소개된 보고서(India
Leisure & Entertainment Trends 2008~2009)에 따르면, 인도인들
은 여가시간에 주로 사회활동을 하고, 친구와 어울리고, 가족과 정

을 나누고, 맛난 음식을 먹고, 쇼핑도 하러 다닌다. 또 상당수는 집에서 TV를 보거나 극장에 가고, 책을 읽는다. 15~55세 연령층 인구 가운데 50만 명을 조사대상으로 삼은 보고서에는 인도 도시 거주자의 휴일 일상이 고스란히 담겨 있다.

이를 보다 자세히 분석해 보면, 인도 사람들이 성별, 나이의 많고 적음, 소득의 높낮이와 무관하게 고루 선호하는 여가 선용 방법은 텔레비전과 라디오를 통해 음악 듣기였다. 여기에다 이번에 드러난 흥미로운 사실은 전화로 수다 떠는 사람의 숫자가 급격한 증가 추세라는 것이다. 북인도에서는 거의 절반에 가까운 이용자가 휴대폰을 사교용으로 쓴다. 아주 심할 경우 한나절을 휴대폰 들고 시시콜콜 얘기하면서 보내기도 한다. 대체로 하루 평균 세 시간은 전화통화에 소모하며, 한번 시작해서는 30~45분 동안 쉴새없이 떠들어댄다.

게임과 인터넷 서핑은 새롭게 떠오르는 인도 도시인들의 휴일 놀이다. 적지 않은 이들이 컴퓨터 게임을 하는데, 스포츠와 액션이 인기 종목에 해당한다. 인터넷은 인도 사람들 사이에서 확실한 남성의 세계로 자리매김했다. 일단 인터넷에 들어가서 이곳저곳 두리번거리는 열 명의 네티즌 중 아홉은 남성이고, 방문이 빈번한 동네는 포럼 사이트와 영화 포털이다.

하지만 진짜 여유로운 도시 사람들은 시간 날 때 조용한 산속이나 바닷가 휴양지를 찾아 떠나든지 멀리 해외로 간다. 옛날에는 미국인, 영국인이나 한껏 멋을 부린 휴식이 어울린다고 생각했지만, 지금은 한술 더 뜬다. 원래 돈 모으는 것을 미덕으로 알고 살아온 그들인데, 개방화, 세계화 바람이 불어닥친 뒤부터는 몰라보게 달

아시아의 스위스로 불리는 스리나가르

라저서 한평생 그냥 꿈꾸다가 말던 고요와 안식을 잠시라도 누리려 든다. 당장 국내선 비행기 운항 편수가 늘어나고 요금이 내려가자 전국의 유명 휴양지에 방문객이 몰린다. 특히 해안을 낀 고아는 인도인들이 연중 내내 찾아가는 전천후형 에너지 재충전의 고장으로 완전히 자리잡았고, 산악지대인 스리나가르와 실롱 역시 쉴 만한 동네로 이름났다.

아예 더 적극적인 부류는 서양식 여가 활용 스타일의 겉모양만 슬쩍 베끼는 게 아니라 직접 지갑을 열고 엄청 비싼 내용물을 채워 넣는다. 고급 클럽 리조트와 콘도에 푹 파묻혀 쉬는가 하면, 하우스보트, 요트, 유람선, 비행기까지 띄운다. 수준이 이렇게 되니까 세계 여러 나라가 지난날 거들떠보지 않던 인도 사람들 모시기에 열을 올리는 게 전혀 이상하지 않다. 벌써 20여 개 이상의 국가에서 관광객 유치를 위해 인도에 사무실을 열었으며, 우리나라도 행여나 뒤질세라 수도 델리에 관광공사 지부를 설치했다. 이탈리아, 스페인, 말레이시아, 뉴질랜드, 홍콩 등은 이러한 시도를 통해 큰 성과를 거둔 바 있다.

소문난 잔치에는 이래저래 먹을거리가 많은 법이다. 들리는 것처럼 외국에 나간 인도인들은 돈 잘 쓰기로 정평이 나 있다. 대개 일본인, 중국인, 한국인의 씀씀이가 후하다더니 최근 들어서는 인도인이 그 말을 듣는다. 영국과 싱가포르에서는 가장 손이 큰 손님으로 인도 사람들을 꼽는다.

여성 · 여배우 · 여성 감독

세계 여성의 날에 인도 주요 일간지가 각 분야에서 뛰어난 능력을 발휘 중인 자국 여성 관련 기사를 실었다. 첫 여성 대통령 프라티바 파틸을 비롯해 여러 사람들이 소개됐다. 이를 보면서 인도 여성들의 삶이 뛰어난 의지를 가진 도전자들과 동행하는 가운데 조금씩이나마 나아졌고, 온갖 악조건에도 불구하고 구습은 어떤 식으로든 허물어진다는 평범한 진리를 실감했다.

지구촌 나라들 치고 인도만큼 성별에 따른 불평등과 차별이 심한 곳은 드물다. 여성은 태어날 때부터 카스트라는 신분제도뿐만 아니라 생물학적 정체성의 굴레를 못 벗어난다. 그런 이중 삼중의 장애를 이겨내면서 험난한 길을 꿋꿋이 걸어가는 인도 여성들은 위대한 정신력의 소유자들이다. 실제로 인도 여성들이 수백 년 수천 년 전 얼마나 큰 고통을 겪었는지에 대해서는 역사 기록이나 우리 사회의 경험을 미루어 짐작할 수 있고, 근래 지나온 자취는 다양한 증언과 기억으로 확인 가능하다. 대중문화의 핵심 영역에 자리한 영화는 기억을 증언한다.

우선 1950~1960년대에 제작된 사티야지트 레이 감독의 〈아푸〉

(Apu) 3부작이나 초기 흑백영화 속에서 그려진 여성의 생활상은 참혹하다. 우리 옛말에 귀머거리 삼 년, 벙어리 삼 년, 장님 삼 년이라 했는데, 딱 그 모습으로 살았다는 것을 보여준다. 당시 영화계 종사자들은 전통에 순응하려는 여성을 선하게 묘사한 반면, 새로운 유행을 뒤쫓을 때는 악인으로 다뤘다. 예를 들어, 사리 차림의 여인네는 정숙한 자태로 사원에 가서 가족을 위한 기도를 드리고 수시로 금식하는 데 비해, 청바지를 걸친 서구식 의복의 여성은 버릇없고 불량한 모습으로 표현했다. 이때 볼리우드의 대표 여배우인 미나 꾸마리는 영화 〈숙박〉(Daera), 〈파리니타〉(Parineeta), 〈외길〉(Ek Hi Raasta), 〈샤르다〉(Sharda) 등에 등장해서 고통받는 여성의 역할을 훌륭하게 소화했다.

1970년대 작품에서는 다소 진전된 흐름이 나타난다. 특히 전통적인 인도 여성을 상징하는 헤마 말리니와 서구적 인상의 지나뜨 아만이라는 두 명배우가 펼친 라이벌 대결은 사람들의 흥미를 돋웠다. 하지만 이 과정에서도 여성을 남성의 성적 욕구 해소 상대, 출산 도구쯤으로 여기는 기본틀이 바뀌지는 않았다. 〈내 이름은 쟈니〉(Johny Mera Naam), 〈사랑 사랑 사랑〉(Ishik Ishik Ishik), 〈히라 파나〉(Heera Panna) 등이 그런 사회의식을 반영한 영화다.

1980년대에 들어서는 미적지근한 수준을 넘어섰다. 인도 영화가 비로소 주체적이고 능동적인 인간으로서의 여성에 초점을 맞추기 시작한 게 이 무렵이고, 일종의 터닝 포인트 구실을 한 것이 영화 〈의미〉(Arth)였다. 1982년에 선보인 〈의미〉의 주인공은 자신을 못살게 구는 남편과 보호자를 자처하며 구애하는 남자에게서 떠나 진정한 자기 인생, 참다운 삶의 의미를 찾아 나선다.

　라오 총리 체제 출범과 더불어 개혁·개방 논쟁이 광범위하게 번진 1990년대에는 대중예술 분야의 표현도 한층 과감해졌다. 이 시기의 영상은 섹스와 로맨스를 이야기하되 여성을 남성 파트너와 대등한 위치에 놓는다. 이러한 추세는 〈마음〉(Dil), 〈용감한 자가 신부를 얻는다〉(Dilwale Dulhaniya Le Jayenge), 〈무슨 일이 생길 것 같아〉(Kuch Kuch Hota Hai) 등의 영화에 담겨 있다.

　새로운 세기에 접어든 요사이 인도 영화는 헌신적인 어머니, 아내, 연인의 모습을 대신해 현실의 여성문제를 더욱 세차게 부각시키고자 한다. 2003년 개봉된 에로틱 스릴러물 〈육체〉(Jism)는 자신의 미모를 이용해 청년을 유혹하고 나이든 남편을 죽이는 여인이 주인공이다. 사회적 규범을 어기면서까지 원초적 욕망을 채우려는 자유부인에 관한 영화 〈살인〉(Murder), 결혼 후 과거를 감춘 채 새 삶을 개척하려는 전직 바걸과 가족의 애환을 다룬 〈찬디니 바〉(Chandini Bar), 옴니버스 식으로 전개되는 〈열 개의 이야기〉(Dus Khaniya) 역시 오늘날 인도 여성들이 풀어가야 할 고민거리에 주목했다.

　인도는 아직 모든 것이 남성 중심으로 돌아가는 사회다. 다른 생물학적 정체성을 가진 이들의 목소리는 워낙 가늘어서 들릴까 말까 하다. 이런 와중에 영화가 그 가느다란 소리를 내는 사람들을 증언하면서 성장한 배경에는 발군의 실력과 주체적 시각을 지닌 여성 감독, 여성 제작자, 여성 배우들의 투쟁이 있었다. 아쉬왈라 라이, 우르밀라 마톤드카르, 카리나 카푸르 같은 거물급 여배우들이 성적 불평등과 차별에 관심 기울이는 곳이 카스트의 나라, 지참금의 나라 인도다.

영화의 나라

인도는 영화의 나라이다. 대다수 사람들이 반신반의할지 모르겠지만, 의외로 인도의 영화 역사와 저력은 만만찮다. 우선 도입 과정만 따져 보더라도 뤼미에르 형제가 영사기를 발명해 유럽 전역에 이름을 떨친 게 1895년 무렵인데, 이듬해 인도 봄베이(지금의 뭄바이)에서 그들의 영화 상영이 이루어졌으니 대단히 빨랐다.

신기술을 접한 인도인들은 이를 활용해 부지런히 단편영화를 만들었고, 1913년에는 다다사힙 팔케가 산스크리트 서사시를 각색한 최초의 인도판 풀타임 영화 〈라자 하리쉬찬드라〉를 완성했다. 이렇게 걸음을 내디딘 인도 영화는 한 세기를 거치면서 엄청난 양적 발전을 보여주었다. 일단 그동안 쉴새없이 쏟아낸 영화 숫자가 어마어마하다. 신비롭고 아기자기하고 웅장한 신화, 전설, 설화, 영웅담과 현실의 치열한 갈등, 음모, 전쟁, 사랑 이야기가 모두 생생하게 스크린에 옮겨졌다. 더구나 21세기 들어서는 한 해 평균 1,000편 이상의 신작이 소개될 정도로 영화산업에 활기가 넘친다.

이처럼 차곡차곡 쌓인 여러 장르의 수많은 작품 중에서 인도를 대표하는 영화를 고른다면 어떤 것이어야 할까? 외부인으로서는 우선 관객 동원이 가장 뛰어났던 것을 주목하게 된다. 인도 사람들에게 물어봐도 대답은 거의 똑같아서 매표 수익을 많이 올린 영화를 꼽는다. 여기에다 질적인 수준까지 고려할 경우 대상은 크게 좁혀진다.

불꽃(Sholay)

클린트 이스트우드를 세계적 스타로 등극시킨 세르지오 레오네 감독의 〈무법자〉 시리즈처럼 할리우드 서부극과 유사한 이탈리아계 영화를 마카로니 웨스턴(Macaroni Western)이라고 하는데, 이와 구별하여 인도식 서부영화는 카레 웨스턴(Curry Western)이라 부른다. 넓게 볼 때 한국, 일본, 필리핀, 방글라데시 등 여러 나라에서 유행한 바 있는 아시아 서부활극의 일종인 인도 서부극은 정통 할리우드 카우보이 영화보다 잔혹한 장면을 강렬히 그린 마카로니 풍을 닮았다.

〈불꽃〉은 카레 웨스턴의 대표작이다. 이는 1975년 개봉 당시 일부 비평가들로부터 혹독한 비판을 받았지만, 막상 뚜껑을 열고 보니 관객들의 반응이 뜨거워 삽시간에 흥행 돌풍을 일으켰다. 영화는 1억 6,000만 달러 입장권 판매 수익과 286주 연속 상영이라는 인도 영화사상 전무후무한 대기록을 세웠고 물가를 반영한 역대 볼리우드 흥행 순위에서도 가상 앞선 것으로 평가된다.

영화의 줄거리는 매우 단순하다. 시골 지주 타꿀은 경찰 재직 시절에 악랄한 산적두목 가빠르를 붙잡아 감옥살이를 시킨다. 그런데 조용히 철창 신세나 져야 할 가빠르가 어느 날 탈옥해 타꿀의 가족을 모조리 살해한다. 마침 기도하러 가는 바람에 잠시 집을 떠났던 며느리 라다만 겨우 살아남는다. 그는 복수하고자 건달 비루와 자이를 고용했으나, 막상 도와주기로 한 두 사람은 본분을 잊어버린 채 오로지 보상금에 잔뜩 눈이 멀었다. 쫓고 쫓기는 중에 가빠르의 악행은 계속되고, 그 과정에 비루와 여성 마차꾼 바산띠, 자이와 타꿀의 홀로 된 며느리 라다 사이에는 로맨틱한 감정이 싹튼다. 이들의 사랑 이야기는 충격 장면과 어울리면서 영화에 온기를 불어넣는다.

〈불꽃〉이 성공을 거둔 배경으로는 70mm 필름의 시원한 화면, 시삐 감독의 뛰어난 스토리 재구성 능력을 들 수 있다. 이 영화를 가만히 살펴보면 구로사와 아키라의 고전 〈7인의 사무라이〉와 세르지오 레오네의 〈원스 어폰 어 타임 인 더 웨스트〉를 적절히 섞어 놓은 것 같은 느낌이 든다. 다만 감독은 외국 거장들의 줄거리를 무작정 베끼는 대신 인도 역사, 배경, 정서에 적합하도록 적절히 다듬어 관객이 이질감을 느끼지 않게 했다. 영화 음악도 스토리와 조화를 썩 잘 이뤘다. 특히 주제곡 〈우리의 우정은 영원하리〉는 흥겨운 가락과 구슬픈 선율을 바꿔가면서 전편에 흐른다.

그리고 이 영화에는 또 다른 메시지가 있다. 종교 갈등이 극심한 인도 사회를 향해 던지는 힌두, 무슬림의 아름다운 사랑, 희생, 인간애가 그것이다. 바산띠는 총살당할 위기에 처한 연인 비루를 위해 피 흘리며 춤추고, 자이는 친구를 살리고자 감동적인 우정을 보여준다. 마침내 주인공들은 서로의 마음을 확인한다.

무굴제국의 황제(Mughal-e-Azam)

〈불씨〉가 등장하기 전만 하더라도 인도 최고의 인기 영화는 1960년 만들어진 〈무굴제국의 황제〉였다. 이는 무려 9년의 제작기간을 거친 인도 영화의 고전인데, 원작과 2004년 리믹스 판이 대성공을 거뒀다. 영화 줄거리는 일찍이 〈무굴 왕자의 사랑〉(1928), 〈석류꽃〉(1953)을 통해 다뤄졌던 무굴제국 제4대 황제 제항기르의 왕자 시절 사랑 이야기이다.

위대한 황제 악바르와 힌두 아내 조다바이 사이에는 어렵게 얻은 말썽꾸러기 왕자 살림이 있었다. 유약한 데다 놀기 좋아하고 천방지축인 살림은 어느 날부터 궁전 무희 아나르깔리에게 마음을 빼앗긴다. 두 사람의 만남은 은밀히 이어지지만 곧 들통나고, 악바르 황제는 아나르깔리를 감옥에 가둔다. 그러나 그렇게 억지로 갈라놓아서 해결될 사랑이 아니었다. 아나르깔리는 투옥되어서도 살림 곁을 떠나라는 황제의 명령을 거부한다. 살림 역시 야속한 부황에 맞서 사랑을 지키고자 반란을 일으켰으나 패하여 목숨이 위태로워진다.

악바르는 아나르깔리의 모친이 자신의 아이를 잉태했다는 소식을 듣고서아 비로소 호의를 베푼다. 노여움이 풀린 황제가 아나르깔리의 도주를 눈감아주기로 한 것이다. 하지만 그 전에 아나르깔리는 죽게 되고, 왕자는 상심에 빠진다. 살림 왕자의 사랑 이야기는 대부분 아나르깔리의 죽음으로 끝을 맺는데, 이 영화의 경우 약간 다르다. 세월이 흐른 후 라호르의 시샤마할(유리 궁전)에서 성대한 연회가 벌어진 날, 황제와 여러 신하들을 위해 춤추며 '사랑하기에 무엇이 두려우랴'라고 노래하는 여인이 있었으니 아나르깔리였다.

〈무굴제국의 황제〉는 오리지널 흑백영화에 컬러를 입혀 재상영한 세계 최초의 영화이다. 애초 아시모프 감독은 1951년 무렵 〈잔시의 공주〉를 시작으로 컬러영화 바람이 불자 이를 따르려 애썼으나 뜻을 이루지 못한 채 노래 장면 두 곳과 끝자락 30여 분에 색을 넣고, 나머지는 흑백 처리했다. 그러다가 예술 애니메이션 인도 아카데미의 디지털 작업을 통해 컬러 색채로 재개봉되었다.

아울러 웅장한 스케일에다 아름답고 슬픈 이야기를 담아낸 이 영화는 산자이 릴라 반살리 감독의 〈데브다스〉(Devdas, 2002)와 더불어 인도 영화 역사상 최대 물량이 투입된 작품으로 알려져 있다. 무굴제국의 복식을 재현하기 위해서는 델리의 재봉사, 하이데라바드의 보석 금색장이, 콜하뿌르의 왕관 장인, 라자스탄의 무기 대장장이, 수라뜨-깜바야뜨의 자수 장식 전문가들이 모셔졌다. 전쟁 장면에는 낙타 2,000마리, 말 4,000마리, 현역 군인 8,000명을 동원했다.

배우들의 투혼은 눈물겨웠다. 아나르깔리 역할을 맡았던 마두발라는 쇠사슬을 매고 연기하다 보니 전신이 온통 멍투성이였다. 이렇게 하여 〈무굴제국의 황제〉는 옛 이야기를 빌려 새로운 이야기로 새롭게 태어난 것이다.

인적자원 강국의 저력

21세기는 사람 키우기 경쟁의 시대이다. 창의적이고 열정적인 인적자원을 얼마나 확보하느냐에 따라 국가, 지역, 기업의 경쟁력이 결정된다. 그런 측면에서 보자면, 오늘날 인도가 강력한 신흥 개발도상국으로 주목받는 것이 의아스러울 수 있다. 12억 인구 중에 문맹률이 40%를 웃돌고, 대학진학률은 10%를 겨우 넘어서는 한심한 수준이니 고도성장을 믿기 힘든 게 당연하다. 하지만 역설적이게도 인도는 바로 그 교육과 언어 문제에 대응하면서 뛰어난 인적자원을 길러 기적의 일부를 이뤄냈다.

인도인들은 영국의 지배로부터 벗어나 독립한 후에도 과거 종주국 언어를 그대로 뒀다. 가지각색의 피부를 가진 사람, 수백 개의 서로 다른 언어를 쓰는 사람들이 어울려 살아가는 나라인지라 어느 것 하나로 국어화하기가 쉽지 않은 상황에서 사용 인구수와 역사·문화적 중요성을 고려해 15개 공용어를 선정했는데, 타밀어, 아삼어, 벵갈어, 힌두어, 펀잡어, 산스크리트어 등과 함께 영어도 포함된 것이다. 이러한 다공용어 정책은 대단히 이해하기 어렵고 복잡해 보이지만, 인도인들로서는 나름대로 민족갈등과 대립을 피하고 국민통합을 유지하기 위한 정치적 최선책이었다. 간단하게 판단한다면, 수도 델리와 중부지역 주민을 비롯해 가장 다수 인도인들의 언어인 힌두어를 유일 국어로 삼는 게 타당하겠거니 싶어도 타밀나두, 웨스트 벵갈 등 타 지역, 타 언어권 주민들의 반발이 극심하다. 이와 달리 영국 식민지배 전후시기에 중·상층 언어였던 영어는 공용어로 인정되면서 거의 모든 학교에서 가르치다 보니 영향력의 범위가 힌두어권보다 더 넓어졌다. 그 결과 인도는 세계 최대의 영어 사용 국가가 되었고, 의도했건 안 했건 관계없이 오늘날 인적자원의 글로벌 경쟁력 제고에 유리한 고지를 선점하고 있다.

전문화, 특성화는 인도 대학교육의 핵심 전략이다. 인도 정부는 1950년대부터 대학원 중심의 지역별 인도공과대학(Indian Institute of Technology, IIT), 인도경영대학(Indian Institute of

인도 남부의 고등학교

Management, IIM)과 의학전문대학원을 설립했으며, 인문사회과학 분야의 대학원 중심대학 육성에도 심혈을 기울였다. 최근 우리가 관심을 가지고 있는 고급 인적자원 양성사업은 50~60년 일찍 시작한 것이다. 이들 대학에는 고등교육 예산의 50%가 투입되고, 변화에 빠르게 대응할 수 있도록 운영 자율권이 주어졌다. 이처럼 과감한 투자와 행정 유연성 발휘의 효과는 대단해서 오늘날 348개 종합대학 및 대학원 중심대학, 16만 개 일반대학원에서 우수 인력을 쏟아내는 '인적자원 강국 인도'를 만들었다. 특히 인도공과대학과 인도경영대학은 관심의 대상이다. 전문성을 갖춘 글로벌 인적자원의 요람인 두 대학은 세계 대학평가 때마다 상위권을 놓친 적이 없다.

인도 정부는 최고 경영 교육을 통해 국가 산업 주도 인재를 키우

밝은 표정의 인도 학생들

고자 콜카타, 아메다바드, 방갈로르, 러크나우, 코지코데, 인도라, 실롱 등 7개 지역에 국립경영대학원을 세웠다. 인도경영대학 전체 정원 가운데 23%는 하층 카스트 간 제한경쟁으로 채워진다. 졸업생의 대내외 인기는 아주 높아서 세계 유수 기업으로부터 입사 제의를 받는다. 취업률은 100%에 이른다.

인도공과대학의 경우는 국가 발전을 이끌어 갈 공학도 양성을 목적으로 각 지역 거점에 설립된 대학에서 매해 1만 7,000명의 엔지니어를 배출하는데, 1990년대 들어 경제 개방화가 확산된 후 해외 진출 졸업생이 급증해 두뇌 유출 우려를 낳고 있다. 현재까지 미국에 정착한 인도공과대학 졸업생만 해도 3만 명에 달할 것이라고 한다. 어쨌든 인도 대학 출신 인재를 미국 등 선진국이 선호한다는 것은 인도 교육의 우수성을 입증하는 단면이라 하겠다.

인도 여대생들

이밖에도 인도의 유명 대학을 마친 학생들 중에는 미국이나 유럽 대학의 석·박사 과정 진학자가 많다. 언어 장벽이 없으니 장학금으로 공부하기에 까다롭지 않아서이다. 이들은 학위 취득 후 전문직 종사자로서 현지에 정착한다.

향후 전망은 한층 밝다. 지금까지 인도가 소수 엘리트 교육 수혜자들의 역량과 리더십에 의존해 신흥개발도상국으로 발돋움했다면, 앞으로는 정부의 강력한 지원 의지, 국민들의 강한 학습 열망, 지속적인 경제성장이라는 호조건이 상호작용하면서 15억 인도인들의 무궁무진한 잠재역량을 총결집시킬 가능성이 높기 때문이다. 이제 인도 교육의 양적, 질적 발전 속도가 경제발전에 버금갈 것으로 보인다. 여기에 인적자원 강국 인도의 저력이 숨어 있다.

좋은 시장(市場)과 좋은 일자리

나라마다 외부 자본, 기업, 인력을 끌어들이려 야단이다. 이 싸움판은 총소리, 대포소리 안 울리는 전장이다. 최근 중국이 십수 년간 고도경제성장을 할 수 있었던 것은 고요하되 분주한 싸움터에서 독보적으로 뛰어나게 외국인 투자 유치 실적을 거둔 결과였다. 한때는 우리도 하루에 국내 기업 10개가 중국으로 옮겨간다고 비명을 질러댄 적이 있다. 인도의 성장 역시 다국적기업과 국제투자가들이 달려들어서 불붙었다. 미래 세계 경제를 이끌어갈 나라로 BRICs, BRICKS, NEXT-11, TVT, VRICs 등 별의별 조합을 다 엮어 보지만, 정작에는 지구촌 인구 절반의 나라인 중국, 인도가 온통 이목을 집중시켰다.

중국과 인도를 두고도 평가는 조금씩 다르다. 외국 기업인들은 중국의 규제에 고개를 흔들고, 인도에 대해서는 두 손 든다고 한다. 세계은행에서 발간한 『2010년 기업환경평가보고서』(Doing Business 2011)를 보면, 인도의 기업 활동 친화적 조건 관련 경쟁력은 183개 조사대상 국가 중 134위에 머물렀다. 중국은 79위였다. 동일한 국가를 상대로 진행된 2009년 조사 결과에서도 인도는 레소토, 우간다, 르완다, 스리랑카, 네팔보다 뒤진 133위에 그쳤고, 중국의 경우 이러한 인도를 멀찍하게 앞선 89위에 랭크됐다. 구체적으로는 노동 분야 점수가 형편없이 낮아서 고용 경직성지수는 30점, 근로시간 경직성지수는 20점에 불과했다. 인도 노동법규와 행정절차는 근로자 해고를 어렵게 하고 지나친 비용을 요구한다는 이유에서다.

그러나 한 발짝 가까이 가서 따져보면 그렇지도 않다. 세계은행 보고서는 대규모 사업장의 정규직 종사자 해고가 현실적으로 불가능한 문제, 사법부의 근로자 시각에 경도된 법 해석 전통 등 공식 부문, 정규직 형편을 점수화했는데, 그래서는 전체 인도 근로자의 실상을 헤아리지 못한다. 일하는 인력 가운데 열의 아홉은 비공식 부문 소속이고, 상당수는 보호의 사각지대에 놓인 파견근로자 신세인 게 진짜 제 모습이다.

인도는 1970년 열악한 환경에서의 작업을 규제하고 기업의 노동 유연성 유지와 비용 절감을 돕고자 파견근로법(Contract Labour Act)을 제정했다. 이에 따라 파견근로는 20인 이상 고용 사업장으로 제한되었다. 요즘 이해 당사자들은 이 법에 대해 다 불만이다. 근로자는 근로자대로 불안정한 비정규직을 양산하기 때문에 못미땅하다는 입상이고, 기업주는 기업주대로 고용 사업장 크기를 묶어 둬서 성에 안 찬다는 입장이다.

인도 노동부는 5억 노동 인구의 28% 정도를 파견근로자로 추정한다. 민간연구기관인 경제성장연구원(Institute of Economic Growth)은 인도 제조업 부문의 파견근로자 비율을 15~26%쯤으로 잡는다. 통계 정확성은 미심쩍다. 현재 파견근로는 제조업뿐만 아니라 판매, 고객지원, 재무, 마감, 행정지원 등 광범위한 분야에서 행해지는 관행인 데다 정규직까지 그것으로 대체되고 있으니, 실제 숫자는 이보다 훨씬 많다고 짐작해야 맞다. 일례로 알루미늄 업체인 바라티의 경우 최근 약 10년 사이에 파견근로자가 1,500명에서 열 곱절 늘어난 반면, 정규직은 1/3로 줄었다. 심지어 이제는 공기업조차 정규직 공석을 파견근로자로 채운다. 지역적으로는 구자라트와 웨스트 벵갈의 제조업 부문 파견근로자 비율이 60~70%에 달할 만큼 높다.

결국 경제가 성장하면서 인도 사회의 고용이 늘어났으나, 덩달아 좋은 노동시장과 좋은 일자리를 만들고 삶의 질을 낮게 하는 것은 당사자들 간의 해결과제이다. 파견근로에 대해 인도 정부는 고용 활성화 측면에서 접근한다. 그래서 기존 노동법은 융통성을 결여해 제조업에 대한 투자 유인을 훼방 놓고 일자리 창출을 가로막는다고 본다. 정부의 대안은 중국처럼 파견근로 적용업체의 규모 제약 규정을 없애서 기업 하기 편하게 하는 한편, 정규직과 비정규직의 임금, 복리후생에 차별을 두지 않는 것이다.

노동조합의 요구는 파견근로법 철폐다. 정부가 노동 유연성과 근로자 보호의 동시 추구를 공언하지만, 이행이 지지부진해 주요 업무, 부수적 업무라는 새로운 잣대와 정규직의 파견근로화, 노동 환경 악화를 초래했다고 비판한다.

기업 측은 글로벌 경쟁에서 살아남기 위해 노동 유연성을 더 넓힌 파견근로법이 필요하다는 점을 누누이 반복한다. 일단 정규직이야 강력한 보호 때문에 어찌하기 어려우니까 비정규직 쪽이라도 세계적 추세를 따르자는 논리다. 핵심 골자는 파견근로자 고용, 해고를 더 쉽게 하고, 기존의 정규직 업무와 장기간 노동 투입이 필요한 분야에도 파견근로를 허용하도록 법을 바꾸는 것으로 요약할 수 있겠다.

이렇게 서로 주장이 달라도 결과는 대충 드러난다. 단순노동직이라도 취업을 바라는 농촌 인력들이 도시로 유입되는 데다, 인도 정부가 비정규직을 확대해서라도 고용을 늘리겠다는 입장이니까 그 방향으로 간다. 세계은행이 기업 하기 좋은 국가 순위를 매기면서 인도의 노동 부문 경쟁력을 낮게 평가했는데, 인도인들에게 다행인지 불행인지는 몰라도 점수 따기에 유리한 좋은 시장이 생길 것 같다. 좋은 일자리는 차차 만들어 가야 할 과제다.

중요한 것은 끌림이다

인도 성지는 어디든 뭔가 모를 환상과 신비로움을 갖게 한다. 힌두교인들이 늘 마음에 담아두고 그리는 땅, 삶과 죽음이 뒤섞인 공간, 신들의 고향, 신성한 갠지스를 낀 인도의 도시 바라나시도 마찬가지다. 세계적으로 대중매체를 통해 무수히 소개되고, 말과 글로 숱하게 언급되고 묘사됐지만, 신비로운 이미지와 매력은 줄어들지 않았다.

현실의 바라나시는 전체적으로 낡고 초라하고 허름하고 혼잡하다. 거의 대부분 인도의 도시들이 그런 것처럼 길거리마다 주야간 내내 자가용, 택시, 오토릭샤, 사이클릭샤, 인력거, 자전거, 화물차가 뒤엉켜 발 디딜 틈 없이 붐빈다. 너무 큰 기대를 가졌던 사람들은 바라나시 기차역 대합실을 빠져나와 눈앞에 펼쳐진 광경을 대하는 순간 깜짝 놀란다. 그토록 유명한 바라나시가 고작 이런 곳인가? 도저히 믿기 어려운 모습에 당황스러워한다.

도심에서 몇 발짝 떨어진 갠지스는 그나마 겉보기에 호젓하다. 강변 따라 계단식으로 된 오랜 역사의 가트들이 수십 개 늘어서 있는데, 어느 곳에서는 시체를 태우고, 또 어느 곳에서는 신을 향한 예배의식이 성대하게 거행된다. 그 아래 강에는 기도 드리는 사람, 목욕하는 사람이 있고, 빨래하는 사람, 소를 끌고 와서 씻겨주는 사람이 보인다. 저만치에는 강물에 배가 유유히 떠다녀서 그야말로 한 폭의 그림이다. 문득 이래서 세계인들이 돈과 시간을 들여 찾아오는가 보다 싶어진다.

그런데 아니나 다를까 강변 계단 곳곳은 아름답지 않다. 정말 지저분하다. 소, 개, 염소 등 가축들이 가트 광장에 아무렇게나 똥오줌을 누고 마음대로 걸어다닌다. 그곳 사람들도 더러는 똑같이 한다. 행인들이 지나가다 쉴 만한 너른 계단에 용변 흔적을 남긴다. 군데군데 오물이어서 냄새가 지독하다. 쓰레기는 또 얼마나 널렸는지, 한 폭의 그림을 해친다.

갠지스에서 목욕하는 사람들

문제는 외국 관광객들의 반응이다. 그들은 청결하지 못한 환경을 미리 알았건 몰랐건 간에 불쾌해 하거나 찌푸린 표정 없이 대수롭지 않게 지나친다. 소, 개, 염소가 이 골목 저 골목을 헤집고 다녀서 신발에 온통 배설물이 묻고 바짓가랑이에 얼룩이 번져 엉망이 된 것을 투덜대지 않는다. 지저분한 여건에도 불구하고 꼭 와야 할 사연이 있고, 불편을 감수하고서라도 반드시 둘러봐야 할 이유가 있고, 직접 확인하고 싶은 정취가 있고, 어린 자녀들에게 보여줘야 할 장소가 있고, 뭔가 간절히 구할 게 있어 세계 여러 나라에서 먼 길을 찾아온 것이라는 듯이 밝게, 진지하게 움직인다.

바라나시의 갠지스는 우리 낙동강, 한강보다 소박해서 몬순 기간에 물이 불어나기 전에는 그저 그렇고 그런 강이다. 힌두사원들이 즐비한 건너편으로 널따란 모래사장과 숲을 거느렸는데, 그쪽 하늘 위로 붉은 아침 해가 뜬다. 그것뿐이다. 다만 이러한 외양에 다채로운 이야기가 채워져 오랜 세월 동안 연속성을 지니며 흘러내려오다 보니 사람들을 끌어당긴다. 그러므로 우리든 누구든 훨씬 더 멋진 강을 가졌더라도 급하게 뭘 치장해서는 갠지스만큼 세상 사람들의 사랑을 얻기 힘들다. 연속성, 생명력이 부족한 탓이다. 사랑받으려면 귀한 시간과 돈을 들여 거기에 가야 할 생명력 있는 이유를 제시하는 게 우선이다. 바라나시와 갠지스의 경우 그것을 환상적으로 만들어 준다. 아무리 멀리 떨어져 있어도, 아무리 여행비가 비싸도 기쁨에 겨워 짐을 꾸리게 이끈다. 혼자 온 사람, 둘이서 동무해 온 사람, 단체로 온 사람들이 갠지스 강변 카페에 앉아 차 한 잔 하면서 조용히 심신의 피로를 풀고, 눈으로 본 장면을 마음에 담아가게 한다.

　결과를 놓고 보면, 미국의 뉴욕, 로스엔젤리스, 라스베이거스와 싱가포르, 홍콩 등 세계의 일부 도시가 초현대적 콘텐츠로 차곡차곡 명성을 쌓은 반면, 긴 역사와 흥미로운 이야기를 간직한 유럽, 중국, 중동의 도시들은 일상에서 묻어나는 옛것의 연속성과 생명력으로 강하게 어필한다. 이도 저도 아닌 어중간한 도시, 애깃거리가 중간쯤에서 싹둑 잘려나가서 건물만 덩그러니 남은 채로 승부하려는 도시들도 있지만, 이들은 힘만 들일 뿐 명품의 매력을 발산할 수 없다. 바라나시를 비롯해 뿌시까르, 보드가야 등 인도의 전통 도시들은 철저하게 신화, 전설, 현실을 조화시킴으로써 오늘에 살아 있다. 지저분한 거리, 바가지 요금은 당연히 깨끗한 환경, 적정 가격으로 개선되어야 하지만, 그 자체가 도시의 매력을 저해하

바라나시의 구도자

갠지스의 일상

는 결정적 요인이 아니다. 깨끗한 거리, 합리적인 물가 때문에 사람들이 어떤 곳을 애써 찾아가고자 마음먹기는 어렵다. 보통 사람들은 도시의 환상적이고 신비로운 이야기에 이끌려 먼 길을 기꺼이 달려간다. 우연히 갠지스 버닝가트 근처 라가카페에서 만난 부산 출신의 어느 부부는 신혼 여행지를 인도의 도시로 잡아 인생의 새로운 길에 들어서고 있었다.

지하철의 남과 여

우리나라 주요 도시의 지하철역 근처는 역세권이라 하여 상업적 주목 대상이다. 건물, 가게, 사람이 몰려든다. 그런데 인도는 좀 다르다. 인력거꾼과 오토릭샤 기사가 잔뜩 모여서 손님을 기다릴 뿐 바깥에 변변한 상점 하나 없는 역이 많다. 이들마저 드문드문한 곳은 무척 썰렁하다. 원래 인도 사람들이 왁자지껄하게 흥내고 술 마시는 것을 별로 즐겨하지 않는지라 유동인구가 많아도 특별한 투자매력을 발휘하기 힘들어서라고 한다. 앞으로 도시 재정비가 이루어지고 상업시설이 집적된다면 새로운 활력을 얻게 될 가능성은 충분해 보인다.

인도 지하철역 내부는 비교적 깨끗하다. 도로변, 상가, 주택기에서 쉽게 접하던 청결 불량 흔적이 적다. 보안은 어느 다중시설이나 그러하듯 상당히 엄한데, 경찰관이 승차권 구입 승객을 상대로 입장 전에 검색을 실시한다. 사회 저변에 잠재된 불안요인 탓에 인도 경찰의 위세는 대단하다. 아직 어린 티를 완전히 벗지 못한 안전요원도 제복 차림으로 어깨에 잔뜩 힘을 주고 호루라기를 불어대면서 열차 진입시 질서 유지에 신경 쓴다.

가끔 초행길 승객은 핑크색 대기 라인에 줄섰다가 여성들에게 지적을 받는다. 인도의 델리, 뭄바이 등 대도시는 여성들을 성추행, 폭력으로부터 보호하기 위해 지하철 여성 전용칸을 지정하고 엄격한 규율을 적용한다는 사실을 몰라서 벌어지는 해프닝이다. 이는 일본에서 처음 도입해 활성화시켰고, 현재 도쿄, 오사카의 모든 지하철에 설치되어 있다. 우리나라에도 1992년 무렵 서울 지하철에 잠시 등장했으나 거센 사회적 찬반논쟁에다 홍보 부족으로 여성들의 별다른 호응을 못 얻어 어느 순간엔가 슬며시 사라져버렸다.

지하철 여성 전용칸 운영에 대한 인도 여성들의 반응은 긍정적이다. 지정된 공간 이외의 칸에 탄 여성은 띄엄띄엄 눈에 띌 정도로 이용률이 높을 뿐만 아니라 일부 규칙을 위반한 남성에 대해 언성을 높이며 싸워서라도 이를 지켜내려는 의지까지 적극적으로 드러낸다. 하지만 이것이 곧 인도 사회의 여성 배려 수준을 상징하지는 않는다. 전용칸 운영제도를 강력히 시행중인 이란, 파키스탄 등 회교 국가와 함께 인도 사회의 각 부문에는 남성 우위의 전통이 깊고 넓게 퍼져 있다. 이러한 근본문제를 우회한 시혜적 정책으로는 여성의 지위를 개선하고 정상화할 수 없기 때문이다. 알다시피 가정 내에서 여성을 상대로 잔인할 정도의 사적 폭력이 자행되는 곳, 이혼한 여성이 사회적 비난을 견디지 못해 평생을 참으며 지내거나 자살로 생을 마감하는 곳, 그곳이 인도이다.

지하철은 꽤 복잡하다. 델리의 경우 러시아워가 아닌 어정쩡한 시간에도 서울 풍경처럼 앞사람 등을 세게 떠밀고서야 탈 수 있을 정도이다. 객실 내 분위기는 아주 좋아서 서로 자유롭게 떠드는 소

리, 요란하게 울리는 휴대폰 소리, 시끌벅적하게 통화하는 소리로
심심찮다. 영어와 힌두어 안내방송이 나와 여행자들의 목적지행을
돕는다. 세련되고 간결한 외양의 전동차는 한국산이다.

짜이와 다즐링 차

인도 대도시의 하루는 채소 도매시장으로 향해 가는 장사꾼의 리어카 소리, 신문 배달부의 자전거 소리와 함께 시작된다. 이른 아침이면 스테인리스 그릇을 들고 우유 가게 앞에 줄선 사람들의 웃음소리도 들린다. 집안에서 손님을 맞아야 하거나 음식 장사하는 이들은 많은 양이 필요하니까 봉지째 우유를 사고, 그렇지 않을 경우에는 돈 액수만큼 구입 가능한 몇 루피짜리 토큰 우유를 산다. 서민들은 늘 즐겨 마시는 밀크 티 '짜이'를 만들기 위해 우유가 필요하다.

짜이 만드는 방법은 간단하다. 우유를 펄펄 끓여서 식히면 막이 생기는데, 그것을 걷어낸 후 다시 한 번 더 끓이고 설탕과 홍차나 계피를 넣어 휘휘 젓는 게 전부다. 이렇게 준비한 짜이는 더울 때 이열치열로 마시고 추울 때는 몸을 데우려고 마신다. 인도는 뉴델리 정도의 북쪽이라도 겨울 기온이 웬만해서는 영하로 내려가지 않지만, 체감온도는 만만찮다. 실내에서 코트를 걸치지 않고서는 콧물이 흘러 일을 못할 만큼 한기가 느껴진다. 그런 계절에 마시는 짜이 한 잔은 달콤하고 향긋하고 따뜻하다. 생강을 넣거나 인도 고유의 향신료를 첨가한 것은 또 다른 맛이 난다.

　블랙커피를 즐기는 사람은 더러 짜이를 싫어한다. 특히 대부분 사무실의 경우 신선한 우유 대신 전지분유를 섞기 때문에 그런 짜이 향을 역겨워하면서 더욱더 마시기를 꺼린다. 그래도 인도 여행을 해본 사람이라면 저마다 짜이에 얽힌 기억 한두 개씩은 다 있다. 어둑한 밤 뿌쉬까르 낙타시장 모퉁이의 천막카페에서 만났던 그 맛, 바라나시 행 야간열차를 타고 가던 길에 피곤함을 잊으려 청했던 그 맛, 인력거에 올라 앉아 사르나트로 향하던 중 도로변 찻집을 찾아 접했던 그 맛처럼 오랫동안 간직하고픈 기억이다. 또 어떤 이는 리쉬케시의 소년이 만들어 준 아드락 짜이를 잊지 못하고, 가끔은 그저 끓인 물에 설탕 조금 타 마시던 스트레이트 짜이 생각도 한다.

짜이를 끓이는 정원사 부자

인도산 다즐링 차는 최상급 품질에다 담백한 맛이 일품이어서 '홍차의 샴페인'이라는 별명까지 얻었지만, 생산량이 적고 귀하다. 이는 한 해에 세 번 수확되는데, 그 순서에 따라 첫물 차(First Flush), 두물 차(Second Flush), 세물 차(Autumnal)로 부른다. 첫물 차는 3~4월에 거둔 것으로 연한 색을 띠면서 독특한 풀잎 향기가 나서 가장 비싸고, 두물 차는 5~6월에 딴 것으로 맛과 색이 좀 더 강하며, 세물 차는 우기인 10월 이후에 수확한 것으로 맛과 색이 더 진하되 향은 약하다.

다즐링 차에 비해 비가 많이 내리는 아삼 지방 차는 진홍색이고 향이 짙어 주로 우유와 설탕을 넣어 마신다. 이러한 대표 주자 외에도 다즐링 차와 아삼 차를 잘 혼합해 놓은 듯하다는 시킴의 홍차, 실론티와 유사한 맛이 나는 남인도 고원지대의 닐기리티가 인기다. 인도의 차 재배지는 독립 이후 절반가량 늘어났고, 생산량은 두 배 이상 증가했다.

인도 전역에서 생산된 다즐링, 아삼, 시킴, 닐기리 등 각종 차는 경매나 개별 판매를 거쳐 시장에 나간다. 손꼽히는 경매장은 콜카타, 고하티, 실리구리, 코친, 쿠누르, 코임바토르에 있다. 인도가 이렇게 차를 생산해 벌어들이는 돈이 우리 돈으로 한 해 약 3조 원쯤 된다고 한다. 수출도 활발해서 세계 전체 차 소비량의 30%는 인도산이다.

오늘날 차 농장에서 일하는 노동자 규모는 110만 명인데, 반수가 여성이다. 이런 저런 이유로 차 산업을 통해 생계를 이어가는 인도 국민 숫자까지 합치면 1,000만 명이 넘어간다.

친절한 사람들

예전에는 길 가다가 외국인을 만나면 하나같이 피하고 숨고 멀리 달아나는 게 우리나라 사람들의 반응이었다. 진짜 그렇게 수줍어하던 시절이 있었다. 그러던 것이 언제부터인지 슬슬 대담해지면서 외국인에게 다가서고 인사 나누고 말을 걸어보더니, 이제는 먼저 장난치고 연애를 하고 함께 산다. 아마 우물 안 개구리처럼 세상 물정 모른 채 지내다가 형편이 나아져서 조금씩 새로운 경험을 쌓은 뒤로는 촌스러움을 떨쳐버린 것 같다.

인도 사람들은 다르다. 싹싹하고 친절하다. 지금보다 엄청 더 궁상맞고 인적 드물고 만사가 느려 터졌던 옛날부터 스스럼없었다. 낯선 외모의 외국인 앞에서 어색한 표정을 지으며 낭패스러워 하지 않았다. 그래서 인도 현지의 우리 교민들은 모국에서 온 초짜 여행자더러 혹시 여기저기 다니는 중에 길을 잃거나 당황스러운 일이 생기거든 주저 말고 주민들한테 물어보라고 당부한다. 열이면 열, 백이면 백 사람 모두 성의껏 잘 안내해 줄 것인데, 다만 곧이곧대로 믿지 말라는 단서를 단다. 낯선 이방인이 도움을 청할 때 옳든 그르든 우선 적극적으로 나서고 보는 인도인들의 독특한 일면을 염두에 두라는 조언이다.

실제로 고아에 여행 가서 인도 사람들의 친절성을 확인할 기회가 있었다. 밤새도록 기차 타고 이동해서 고아의 마르가오에 내려 하룻밤을 묵은 후 이튿날 소 혓바닥 요리로 유명한 레스토랑에 들러 음식을 맛보고, 바로 오토바이 뒷자리에 앉아 베나울림으로 이동했다. 미리 예약한 숙소에 짐을 풀고 근처에서 자전거를 빌려서는 들판을 지나 푸른 하늘과 기막히게 어우러진 베나울림 해변을 거닐었는데, 1월의 인도 남쪽 바다는 따사로운 햇살과 고운 모래와 여유로운 바다 풍경이 환상 그 자체였다.

조그만 카페에서 남인도 요리를 맛봤다. 주인이라는 네팔계 인도인 부부가 손님을 반갑게 맞더니 어디서 왔는지, 무엇하러 왔는지, 얼마나 오래 머물 것인지 묻고, 주문한 음식이 나오기 전에 말로 솜씨자랑부터 한다. 음식은 진짜 아름다운 풍광만큼 괜찮았다. 아울러 북부와 남부의 요리가 차이난다는 것을 실감했다.

그런데 카페를 나와 숙소로 돌아가는 도중에 방향을 놓치고 말았다. 분명히 눈에 익다 싶어 자전거 페달을 힘껏 밟았건만 건물이 안 나타났다. 적잖이 당황스러워서 코코넛 파는 청년에게 도움을 청했는데, 아니나 다를까 친절하게 요모조모 일러줬다. 하지만 그가 손짓한 쪽으로 한참을 가도 숙소는 안 보였다. 다시 나무그늘 아래에서 쉬고 있는 노인께 물었다. 역시 훤히 안다는 듯이 가던 길을 몇 걸음 더 가라고 했다. 그러나 결과는 마찬가지로 오답이었다. 결국 땀범벅 차림으로 숨을 헐떡거리며 길가의 경찰관한테 다가가서 사정을 설명하자 간단하게 알려줬다. 다행이라 생각돼서 마음 푹 놓고 연꽃이 만발한 대형 습지를 따라 천천히 자전거 하이

맑은 날의 고아 풍경

킹을 즐기는 것도 잠시일 뿐 이내 너무 황당하여 혼자 웃고 말았다. 미처 알아채지 못한 사이에 아침 녘 베나울림을 향해 출발했던 그 도시 '마르가오'로 되돌아간 것이다. 공연한 생고생을 하면서 마침내 숙소에 도착했을 때는 그야말로 녹초가 된 상태인지라 그토록 황홀경이라는 베나울림 해변의 석양이고 뭐고 다 잊은 채 뻗어버렸다.

뭐든지 정도가 지나치면 모자라는 것만 못하다고 한다. 인도인은 다민족, 다문화, 다언어 사회의 사람들답게 낯선 이에 대한 친절이 가식 없으되 가끔씩 오버한 나머지 부작용을 낳는다. 그러니까 적당히 받아들이는 것은 여행자의 몫이다.

토착 언어와 영어

갑작스럽게 인도 최남단 깐야꾸마리에 다녀오고 나서 느낀 바가 많았다. 무엇보다 먼저 인도를 몰라도 너무 모른다는 사실을 깨달았다. 그런 생각을 하게 된 결정적 이유는 언어 때문이다. 히마찰프라데시, 비하르, 우타르프라데시 등 북인도를 여행할 때는 조금이라도 귀에 익은 말이라서 덜 그랬는데, 남인도에서는 전혀 못 알아들어 참말로 당황스러웠다.

땅 넓고 사람 많은 인도에는 언어가 여러 개다. 북부의 힌디, 남부 케랄라의 말라이얄람과 타밀나두의 타밀어 등 지역마다 말이 다르고 서로 대화가 통하지 않는다. 뿌리는 대부분 산스크리트어로 똑같은데, 어찌된 영문인지 불통이다. 흔히 우리에게 범어(梵語)라고 알려진 산스크리트어는 천축국(天竺國) 언어인 빨리어(Pali)보다 훨씬 오래됐다.

산재한 인도 언어의 원형은 역사를 기원전까지 한참 거슬러 올라가는 베다 산스크리트이다. 당시 인도 아리안족의 제사장들이 의식을 거행할 때 사용한 언어는 입에서 입으로 전해지다가 베다로 기술되었고, 나중에 집대성되었다. 그 이후에는 의례에 관한 각종 문제와 베다에 감춰진 의미를 풀어쓴 '브라마나' 시기를 거쳐서 대문법학자 빠니니(Pāṇini)가 베다 산스크리트를 정리한 체계화 단계에 이른다. 이즈음 빠니니는 산스크리트어의 문법규칙을 세웠으며, 이를 통해 베다 산스크리트와 구별되는 고전 산스크리트의 등장을 가능케 했다.

과거 인도아리안의 언어로는 브라만 계층을 위한 산스크리트 외에 대중용의 쁘라끄리뜨(Prakrit)가 있었다. 붓다와 자이나교 시조인 마하비라 시대에 이미 상호 분리의 기운이 싹텄다. 그때부터 서민들은 쁘라끄리뜨를 사용하고 지식인층에서는 산스크리트를 썼다. 하지만 두 언어의 틈새가 벌어졌다 하더라도 산스크리트의 쓰임새에는 별다른 영향이 없었다. 오히려 세월이 지날수록 그 중요성이 더해 갔다고 보는 게 맞다. 예를 들어, 아소카왕조의 행정언어는 쁘라끄리뜨였으나 불과 몇 세기 만에 산스크리트로 회귀했고, 불교는 초기에 쁘라끄리뜨의 일종인 빨리어를 쓰더니 기원후 얼마 지나지 않아 다시 산스크리트로 돌아섰다. 자이나교 역시 비슷한 경로를 밟았다. 산스크리트는 전성기 동안 남인도 드라비디아 지역, 중북부 아리아 지역, 서남아시아 등지에서 널리 사용되었다. 이런 흐름은 무슬림의 인도 침범 전까지 이어졌다.

무슬림 치하에서도 산스크리트 문학은 제법 성과를 거뒀다. 또 뒷날 영국이 식민지배를 본격화하면서 험난한 고비와 온갖 우여곡절을 안겼으되 산스크리트의 생명력에 타격을 가하지는 못했다. 그 결과 오늘날 인도인들 가운데 산스크리트를 자신의 주 언어로 신고한 사람 숫자는 고작 수천 명인데, 문화적 토대와 경계는 매우 깊고 굳건하다.

　오늘날의 형태에 비교적 근접한 인도아리아어는 10세기경부터 출현한다. 인도 동부의 아사미, 벵갈리, 오리야, 서부의 신디와 펀자비, 남서부의 구자라띠와 마라띠, 북동부의 네팔리, 북서부의 카시미리와 우루두, 중부의 힌디, 라자스타니, 비하르 등이 대표적이다. 이 가운데 가장 먼저 발달한 것은 남서부 언어이고, 벵갈리, 오리야, 펀자비는 독자적 알파벳이 있었다.

　새로운 인도아리아어의 두드러진 특징은 산스크리트를 차용했다는 것이다. 쁘라끄리뜨는 산스크리트 단어를 가져다 쓰면서 발음에 차별성을 뒀지만, 신유형의 지역별 언어는 산스크리트를 그대로 받아들였다. 이러한 현상은 영국의 식민통치와 유럽 문화의 대대적 침투가 개시되기 직전인 18세기 말까지 지속되었다.

　한편 힌디와 우루두는 비슷한 말처럼 들려도 문자가 달랐다. 힌디가 산스크리트어로부터 단어를 빌려온 데 비해 우루두의 경우 페르시아어, 아랍어 어휘와 문자를 수용했다. 후일 인도 - 파키스탄의 분단은 두 언어에 상당한 영향을 미쳐서, 힌디는 인도 공용어로서의 입지를 확실히 다졌고, 우루두는 분리 독립한 파키스탄에서 절대적 위치를 굳혔다.

　원주민 계통의 인도아리아어는 드라비디안과 문다 등 두 그룹으로 나뉘는데, 문학적인 쓰임은 오직 드라비디안에서만 나타난다. 여기에는 타밀나두의 타밀, 케랄라의 말라이얄람, 안드라프라데시의 텔루구, 카르나타카의 칸나다가 포함된다. 이들 중 가장 활발한 것은 아리안 침입에도 불구하고 가장 나중까지 건재한 지역에 속할 뿐만 아니라 산스크리트나 쁘라끄리뜨의 접촉이 적었던 타밀이었다.

　타밀어에는 다른 드라비디안보다 산스크리트 계통 어휘가 많지 않다. 가끔 시바를 숭배하는 사이바와 비슈누를 믿는 바이스나바의 글에 흔적이 드러나긴 하되 말라이얄람, 텔루구, 칸나다에 비할 바가 못 된다. 자체 문자를 가진 말라이얄람은 본래 타밀의 방언 역할을 했으나, 점차 산스크리트 어휘를 차용하면서 고유성을 띤 언어로 자리잡았다.

　최초의 칸나다어 기록은 6세기 것으로 추정되는 비문에 나오고, 초기 칸나다 문학작품으로는 산스크리트 시에 바탕을 둔 9세기의 것이 제일 오래됐다. 당시의 문헌 대다수는 자이나교 시인들이 노래한 종교시이다. 텔루구어는 비자야나가르 제국 시기에 궁중어로 쓰이면서 번성했으며, 첸나이와 벨라리를 아우르는 지역에서 드라비다 언어의 맥을 이어가고 있다.

　초대 수상 자와하랄 네루는 다민족, 다종교, 다문화의 인도를 하나로 단단히 묶어내고자 고민했다. 그는 통합을 이루자면 언어 통일이 시급하다는 인식하에 힌디 공용어 정책과 식민지 역사의 유산인 영어 사용 유예정책을 펴다가 세상을 떠났다. 그러나 네루 수상이 떨쳐내려던 영어는 오늘날 더욱 강해져서 소통불능의 토착 언어들을 맺어주고 인도인의 글로벌화를 뒷받침해 주는 핵심수단 구실을 한다. 인도 남부의 타밀, 말라이야람, 칸나다, 텔루구 영향권 주민이든 중북부의 힌디, 마라티, 라자스타니, 오리야, 벵갈리 통용권 주민이든 영어에 능통한 사람은 굶어 죽지 않을 만큼 사용이 보편화되었다. 지금 인도인들은 외세에 의해 이식된 영미 언어의 실용성과 지역마다 전해오는 토착 언어 고유의 존재적 상징성을 조화시킬 방안 모색으로 바쁘다.

혈연집단과 동업집단

인도인은 열 명의 사람 중에 여덟이나 아홉이 힌두교 신봉자다. 그들은 대대로 대가족을 이루며 살아간다. 보통 삼대가 한집에서 기거하고, 제일 나이 많은 남성이 가장 역할을 맡는다.

가족 구성원들 사이에 정해진 위계질서는 아주 엄격해서 아무리 한 식구라 해도 손위 형제에게 대드는 것은 상상하기 어렵고, 여자보다 남자가 목에 힘을 준다. 여자는 아침밥을 지으러 부엌에 일찍 들어가는 쪽이 서열상 아랫사람이다. 이런 규율이 정착되어 있으니 형제 남매끼리, 며느리들끼리 다툴 여지가 별로 없다. 젊은이는 어르신한테 존경을 표하면서 순종할 뿐 '내 인생은 나의 것'이라는 식의 엄숙한 선언에 나설 엄두를 못 낸다. 당연히 평생에 한 번 가는 시집 장가까지 웃어른의 뜻을 따라야 하므로 인도판 갑돌이와 갑순이가 수두룩하다.

조손이 오순도순 어울리는 인도의 대가족은 옛날 우리네 것을 닮았다. 그 시절에 우리 할아버지 할머니들이 그랬던 것처럼 오늘날 인도인들은 뭐든지 서로 나누고 의지한다. 결혼한 아들이 아내에게 푹 빠져서 감싸고 돌다가는 야단이 나고, 형제간에 우애 좋게 지내다가 장가들어 틀어질 경우 새신랑 내외는 집안 재판을 받는다. 아이는 모두의 관심 대상이어서 형님 아이든 동생 아이든 자기 자식인 양 보살핀다. 이렇게 인도에서는 부부애에 앞서 부자지간의 인정과 형제애가 더 강조된다. 중산층 이상에는 아직 그 전통이 상당 부분 남아 있다.

델리 주택가의 힌두 중산층 가정 한 곳을 들여다보자. 이 집안 사람들은 원래 파키스탄령 펀잡 출신인데, 1947년 인도가 영국으로부터 독립하자마자 무슬림의 핍박을 피해 옮겨왔다. 몇십 년 전에 선대가 처음 이주해 왔을 때는 식구들이 이만저만 고생한 게 아니었으나, 이제 부친의 건축 사업이 제법 잘돼서 살림살이 걱정을 한시름 놓았다. 요즘은 결혼한 지 두 해째 접어들어 딸애를 둔 맏이가 가업을 잇고자 한창 준비 중이고, 모친과 며느리는 주니어학교 교사로 일한다. 대학에서 건축학을 전공한 후 직장생활 하는 미혼의 작은아들도 한집에 산다.

오늘날 인도 도시 대가족의 전형이라고 할 수 있는 이 집 식구들은 여태껏 이층짜리 단독주택을 다 쓰다가 근래에 위층을 세놓고 아래층만 사용한다. 경제적 형편이 조금 나아졌지만, 거기에 만족하지 않고 더 열심히 돈을 벌어야겠다는 의욕의 표시다. 막 걷기 시작한 손녀 보육문제를 해결하는 것을 봐도 참 대단하다는 생각이 든다. 일반적으로 어린아이를 둔 인도의 중산층 가정은 '아야'라는 여성 도우미를 고용하기 마련이건만, 비용을 아깝다 여겨서 다른 궁리를 냈다. 이웃의 세탁소 주인 부부에게 손녀를 맡기는 대신 빨랫감을 몰아주기로 한 것이다.

세탁소집은 보나마나 하층신분이다. 큰 건물 귀퉁이에 흙벽돌을 울퉁불퉁하게 쌓고 널빤지로 지붕을 덮어씌운 데서 기거한다. 식구는 관공서 사환으로 근무 중인 가장과 하루종일 땀 뻘뻘 흘리며 숯불 다리미질해서 살림에 보태는 부인, 그리고 딸 셋, 아들 하나에다 가장의 누이동생이 있다. 시누이와 올케가 부지런히 세탁물을 챙기면, 아이들은 학교 갔다 와서 배달하고 수금하러 다닌다. 이런 빠듯한 생활에 쫓기면서도 장녀와 차녀는 대학교육을 받도록 했다. 인도의 방송통신대학 수업료가 워낙 저렴하거니와 나중에 시집갈 때 큰 도움이 되기 때문이다.

가난하게 지내는 세탁소집 식구들은 척 보기에 착한 티가 난다. 온 가족이 짜빠띠 몇 장 구워서 삶은 감자에 맛살라 향료 섞어 먹으며 행복해 한다. 딸 셋은 아침 일찍 일어나 뿌자(기도)하러 간다. 힘든 일에 지친 엄마는 푹 주무시도록 두고 자기들끼리 알아서 간

옹기종기 모여 햇볕 쬐는 가족

다. 물질적으로 남루하고 곤궁히 살더라도 종교 관련 격식을 차리려는 노력이 눈물겹기만 하다.

세탁소집보다 더 하층민이 살아가는 실상은 그야말로 참담하다. 델리 시내 이곳저곳에는 '주끼 하우스'라고 이름 붙여진 천막주택이 많다. 말이 주택이지 그냥 벽돌 몇 장 올려서 집 모양 갖추고 비바람 피하게 만든 임시 피난처다. 대개 하층 사람들은 그런 집에 기거한다. 샤프나 극장 근처의 주끼 하우스에 머물고 있는 어느 가족은 벌써 여러 해째 이 생활이다. 집이 너무 비좁아서 남자들은 바닥에 거적을 깔아 잠자리를 삼고, 아침이 되면 소 배설물에 불을 피워 음식을 익혀 먹는다. 아예 학교라고는 문 앞에도 못 가본 아이들은 땟국물에 찌든 차림새를 한 채 길거리 행인을 상대로 구걸하는 게 일과일 뿐 종교적인 격식, 기본적인 예의범절 익히기와는 거리가 멀다. 그동안 아이들의 아버지는 인력시장을 기웃댄다. 이렇게 한 달 두 달, 일 년 이 년을 버티다 운수좋은 날이 올 경우 정부가 제공해 주는 집단거주지로 이사 간다. 어찌됐든 주끼 하우스 사람들에게 가족이란 생존을 위한 동업집단일 따름이지 부자지간의 인정이나 형제애가 넘치는 혈연집단이 아니다.

이에 비해 세상 어디에 가도 그러하듯이 인도 상류층은 폼 잡을 것 다 잡고 멋 부릴 것 다 부리며 매일매일 재밌게 소일한다. 무더운 계절이 오면 북쪽 히말라야 산자락의 별장에 짐을 풀든지 영국, 미국으로 유학 보낸 자식들을 만날 겸해서 세계 일주에 나서는 식이다. 그들은 거의 중매로 만나서 가정을 이루고 남편으로서 아내로서 해야 할 도리를 벗어나지 않으려 애쓴다. 인도 상층 신분과 부유층 가정은 그 자부심 위에 서 있다.

흔들리는 카스트제도

인도는 카스트 사회이다. 근대적 평등사상과 인권 개념이 도입되면서 달라졌다고 하지만, 인도 사람들은 여전히 카스트제도 속에 살고 있다. 이는 너무 뿌리 깊어 일상생활에서든 비즈니스에서든 무슨 일에서든 일정 부분 개인의 생각과 행동에 영향을 미친다. 인도 현지의 우리 교민들조차 종종 어떤 카스트 동료와 동행하느냐에 따라 사업 파트너로부터 본인 신분인 것처럼 대우받는다. 상층 카스트는 네 가지 바르나 중 재생계층에 해당하는 브라만, 크샤트리아, 바이샤로 구성되며, 대략 전체 인구의 50~60%를 차지한다. 나머지는 수드라와 부족이다.

오늘날 브라만의 특권은 공식적으로 인정되지 않는다. 그러나 오랫동안 여러 가지 예외적 혜택을 누리고, 잘 배우고, 힘 있는 자리를 채워 왔기에 아직도 기반이 두텁다. 이러한 브라만의 권위는 풍부한 지식과 금기사항을 엄격히 준수하는 종교적 실천력에서 나온다. 그들은 음식, 사람을 가려서 주로 채식을 하고 천민 접촉을 피한다. 힌두교 성지를 방문한 경험이 있는 여행자라면, 방문객들을 축복하면서 가족의 무병장수를 빌어주는 사람을 만났을 것이다. 브라만 중에는 평소 자신의 일을 하다가 가끔 직급이나 직책을 이용해 사원과 가정의 종교의식을 주관하는 사람이 있고, 사원에 적을 둬 먹고 사는 사람도 있다.

크샤트리아는 신화에 기록된 정열, 용기의 화신이다. 그들은 전통적인 국가 운영 집단으로서 정치인, 공무원, 군인을 배출한다. 바이샤는 경제, 경영, 화학, 이학 등 특정 분야의 전문성을 가진 집단을 뜻했는데, 세월이 흐를수록 점차 사업가를 상징하는 카스트로 완전히 굳어졌다. 요즘 인도 출신의 세계적 기업인이라고 할 수 있는 릴라이언스 인더스트리(Reliance Industries Limited)의 무케시 암바니(Mukesh Ambani), 아디트야 벌라 파이낸셜서비스

시바 신전에 예물을 드리러 가는 힌두 사제

(Aditya Birla Financial Services)의 쿠마르 벌라(Kumar Birla), 아르셀로 미탈스틸(Arecelor Mittal Steel)의 락시미 미탈(Lakshmi Niwas Mittal)이 모두 바이샤이다.

하층 카스트는 한때 짐승 취급에다 공공시설에서 물 마실 권리, 배울 권리조차 없이 살았다. 이 계층에 속한 사람들에게 주어진 것은 기껏해야 가죽 가공, 시체 치우기, 거리 청소, 화장실 청소, 농사 소작 등 그야말로 천한 밑바닥 일거리였다. 불가촉천민이었던 암베드카르를 비롯한 선각자들이 투쟁해 하층 카스트도 상층 카스트 직업을 가지도록 하는 할당제가 실시되고 있으나, 초기 20~30년간 효력을 발휘했을 뿐이어서 지금은 오히려 카스트를 영구 존속시키는 제도적 장치로 비판받는다. 대학 입학 정원, 공무원 정원에 하층 카스트 몫의 비율을 따로 정해 둔다고 해서 제도가 사라질 리 만무한 반면, 사회적 소외계층 내부의 경쟁은 피 터지게 치열해지는 탓이다.

영원할 것처럼 견고한 카스트에 불어닥친 결정적 변화 요인은 인도의 경제발전이다. 경제 논리의 확산에 따라 카스트제도의 변화와 위력 약화는 불가피할 수밖에 없다. 당장 대도시에서 중요한 것은 신분이 아니라 돈이다. 돈만 있으면 카스트 신분증은 얼마든지 만들 수 있다. 하층 카스트로 태어나 큰 재산을 모은 사람들이 속속 등장해서는 널찍한 집을 짓고 허드렛일을 하는 도우미를 어엿하게 부리니 겉보기에는 마치 브라만이라도 된 듯하다. 요즘 가난한 브라만, 크샤트리아, 바이샤는 부유한 하층 카스트의 입맛 챙기는 요리사, 그들의 생명과 재산을 지키는 경비원 등의 일을 해야 한다. 이는 과거 우리 사회의 몰락한 양반들이 겪었던 굴욕스러운 처지를 닮았다.

　물론 카스트제도의 동요는 대도시 위주로 일어나고 있다. 도회지에 나와 하층 카스트 밑에서 일하던 사람이라도 시골 고향 가서는 다시 위세를 부린다. 아울러 대도시의 경우도 결혼할 때는 상대방 신분을 따진다. 세상이 달라졌다지만 상하층 신분끼리 결혼하기 힘들고, 여성이 상층 카스트라면 신부 부모형제로서는 이를 가문의 수치로 여겨 끔찍한 명예살인을 저지르기까지 한다.

　그러나 어쨌든 인도인들의 인식과 생활양식은 점차 경제 논리를 따라가고, 수천 년 이어져 온 신분세습 제도는 바람결에 흔들린다. 그 속도와 강도는 하층 카스트가 중산층화되는 과정의 빠르기와 두께에 의해 결판날 가능성이 높다. 이슬람 중산층의 성장이 이슬람 근본주의의 영향력을 약화시킬 것이라는 것과 유사한 이치다.

제2부
택시는 정시에 오지 않는다

간디의 안경

인도 영화 중에 문나바이 시리즈가 있다. 제1탄 〈의사 문나바이〉(Munabai MBBS)는 코믹하면서도 인간미 물씬한 내용으로 호평을 받았고, 제2탄 〈잘한다 문나바이〉(Lage Raho Munnabai) 역시 볼리우드의 특징을 잘 살린 전형적인 맛살라 영화로 대단한 인기를 끌었다.

간디 정신을 실천하고자 몸부림치는 뭄바이 뒷골목 갱 두목의 이야기를 그린 문나바이 2탄의 내용은 대충 이렇다. 라디오 프로그램 진행자인 여자 주인공이 국부 간디의 생일날 그에 관한 퀴즈를 내고, 여주인공을 사모하는 갱 두목 문나바이는 퀴즈 참가를 위해 수단 방법을 가리지 않고 노력한다. 진정한 사랑을 얻겠다면서 속임수보다 정도를 걷기로 한 문나바이는 마하트마 간디 도서관에서 공부하던 중 간디의 환상을 만나 현실과 비현실이 헷갈리는 정신착란증에 걸린다. 이때 지팡이를 든 판타지 간디가 나타나 꾸짖는다. "사람들이 내 동상을 만들고, 여기저기 내 말을 새기고, 내 사진을 집집마다 걸어놓고, 심지어 돈에 내 모습을 그려 넣었지만, 정작 내 조국 인도는 바라던 바와 전혀 다른 방향으로 흘러가고 있다. 인도인들아! 부디 나를 동상, 사진, 돈에다 새기지 말고 그대들 마음속에 새겨다오."

실제로 오늘날 간디 정신에 대한 인도 지도층의 자세가 어떠한 지를 짐작할 만한 계기는 수차례 있었다. 몇 해 전에는 미국인 제임스 오티스가 둥근테 안경, 회중시계, 샌들, 사발, 접시 등 간디 유품 다섯 점을 뉴욕의 경매장에 내놓겠다고 선포하면서 대단한 소동이 일었다. 불과 얼마 전 술탄제국의 칼이 해외에서 경매되는가 하면, 무굴제국 샤자한의 단검과 남인도 단검이 동일한 방식으로 거래되면서 문화재 보호에 불안을 느끼던 터라 인도 정부는 소식을 듣자마자 초비상 태세가 되었다. 만모한 싱 수상은 무슨 대가를 지불하더라도 경매를 금지시키고 간디의 유품을 되찾아오도록 문공부 장관에게 지침을 내렸다.

인도 외교관들은 미국 정부의 협조를 얻어 오티스와 접촉한 후 가격협상에 들어갔다. 간디 정신에 투철한 박애주의자를 자처하고 나선 오티스는 그의 유품을 팔아 돈벌이하기보다 구호단체 기금으로 낼 것이라는 뜻을 밝혔다. 아울러 이러한 시도가 간디 정신에 어긋나지 않으니만큼 인도 정부 측에서 적절한 가격만 지불한다면 경매 없이 넘겨주겠다는 의견도 내놨다. 하지만 인도 정부 쪽이 비교적 적은 값을 제시하자 다시 경매 강행으로 돌아서고, 이에 대한 비판이 거세지자 국내총생산의 5%를 가난한 사람들을 위해 쓸 것, 10년 내에 빈곤문제를 해결하겠다고 약속할 것을 요구했다.

제임스 오티스의 제안은 진정성이 담긴 게 아니라 가격 상승을 노린 언론 플레이에 불과하였다. 결국 경매는 인도의 재벌 비제이 말리야 회장에게 180만 달러에 낙찰되는 것으로 끝났다.

　그때까지 뭐가 뭔지 모른 채 정부의 노력으로 간디 유품이 무사히 고국에 돌아오게 됐다고 떠들어대던 인도 언론은 막상 경매에 들어가서는 입을 다물었다. 선거가 코앞에 닥쳤는데, 혹시라도 잘못 건드려 집권당에 부정적인 영향을 미칠까 봐 세심하게 배려한 결과였다. 이것이 현실이다. 자유, 평화, 진리, 비폭력, 자비를 근간으로 하는 간디 정신의 본질은 일찌감치 송두리째 외국에 내다 팔아버리고, 이제는 상징물인 안경이라도 경매장에서 낙찰받아야 하는 게 인도와 간디의 관계다. 그래서 이를 안타깝게 여기는 인도인들은 문나바이의 순수한 모습을 그리워하며 공중에다 외친다. Lage Raho Munnabai!

걸인 아이들

인도에는 걸인이 많다. 어느 사회든 가난한 사람, 남의 도움을 청하는 사람들은 있기 마련이지만, 인도에서는 자주 눈에 띈다. 어디를 가든지 웬만한 대도시 곳곳에서 한 푼 구걸에 나선 나환자, 지체장애인, 시각장애인을 볼 수 있고, 맨발에다 땟국에 까맣게 절어 헤진 옷 차림으로 손을 내미는 노인, 여성, 어린아이를

환한 웃음을 짓는 슬럼가의 남매

만난다.

가난에 찌들려 거리로 내몰린 이들은 길 한 구석, 육교 밑, 횡단보도 옆, 으슥한 공터를 가리지 않고 보잘것없는 짐을 푼다. 어른들이야 그렇다 치고 가족과 사회로부터 따뜻한 보호를 받아야 할 어린 나이의 철부지들까지 길거리를 헤매다가 아무 데서나 쓰러져 잠든다. 이러한 인도 걸인 아이들 가운데 다수는 상습 음주자, 마약 투약자, 매독 환자, 후천성 면역결핍증 환자다.

알려지기로는 5~15살짜리 걸인 열 명 중 두셋은 매일 술을 마신다. 아직 미성년자 신분에 돈 없어서 술집을 찾아가는 것은 어렵고, 그 대신 증류하지 않은 알코올을 물에 섞어 마신다. 더러는 과일과 나뭇잎을 한데 봉해 직접 밀주를 담그는 녀석들도 있다. 찰나의 쾌락에 대한 유혹을 못 이겨 위벽이 깎여나갈 나중의 아픔은 일부러 잊어버린다. 타일리라는 이름의 폴리에틸렌 봉투 다발은 10~15루피에 거래된다. 걸인 아이들은 일요일이면 힌두사원에 가서 예배의식에 참석한 후 이를 공짜로 받아서는 그 봉투 안에다 술을 만들고, 나머지는 이웃 지역의 동년배 구걸꾼들에게 판다.

마리화나는 기차역, 극장, 사원, 관광지 주변에서 쉽게 구할 수 있어 길거리 생활하는 소년소녀들이 몰래 피운다. 이에 비해 한 차례의 투약 비용이 25루피가량인 값비싼 헤로인의 경우 극히 소수에게만 노출된 상태여서 다행이기는 한데, 어린 중독자들은 아직 덜 자란 몸과 마음에 돌이키기 힘든 큰 병이 들 뿐만 아니라 갓 피어난 푸른 꿈을 잃어버린다. 그렇게 미숙한 나이에 육체적, 정신적으로 망가지고 병든 아이는 아무런 도움 없이 죽어간다.

길거리 걸인 생활은 남자 아이들보다 여자 아이들에게 더 고통스럽다. 열 살도 안 된 어린 소녀가 빈번하게 성추행 당하고, 경찰의 몸수색을 피하기 용이하다 하여 마약을 숨겨 나른다. 이들은 8~10살 시기에 벌써 씹는 담배를 배우고, 곧이어 알코올, 마리화나, 가솔린, 시너, 본드 흡입을 섭렵한다. 그토록 일찍 만신창이 삶을 시작한 어린아이로서는 성장하면서 십대 임신, 간염, 에이즈 등 온갖 질병과 범죄에 취약해질 테지만, 사회적 관심이나 공공보건 혜택은 닿지 않는다.

인도 언론이 가끔 가난에 짓눌려 숨쉬기조차 곤란한 걸인 아이들의 현실을 다룰 때가 있다. 그러나 그것은 수박 겉핥기식의 일과성 보도에 불과해서 차창을 두드리는 어린이를 무신경하게 쳐다보는 시민들의 시선과 다를 바 없다. 정치인, 행정관료, 종교 지도자들도 도대체 날개 부러진 거리의 아이들이 누구인지, 어떻게 그들

가난한 사람들의 살림

의 순수함을 되찾아주고 꿈과 희망을 안겨줄 것인지, 또 어떻게 순간의 쾌락 대신 참다운 기쁨이 있다는 사실을 알려줄 것인지에 대해 물으면 어물쩍거리고는 슬며시 대답을 피한다. 이들에게 눈길을 돌리기에는 아직도 인도 사회가 가야 할 길이 멀어 보인다.

경제성장이 급속히 이루어지면서 인도 대도시의 탈것은 바자지체탁 스쿠터에서 마루티 800cc 자동차로, 다시 마루티에서 젠(Zen)으로, 젠에서 현대자동차의 산트로와 아이(i)10으로 바뀌었지만, 그 옆에서 손을 내미는 거리의 천사들은 여전히 굶주리고 춥기만 하다.

결혼 이야기

아무리 인도 사회가 빠르게 바뀌고 있다 하더라도 여성에 대한 인식은 그렇지 않아 보인다. 벌써 사라지고 없겠거니 생각했던 악습과 나쁜 관행이 심심찮게 재연되고 있다. 집안 반대를 무릅쓰면서 결혼한 누나가 가문의 체면을 손상했다 하여 친동생이 무참히 살해하고, 무슬림으로서 힌두교 남성과 사랑에 빠져 가족의 명예를 더럽혔다는 이유로 모친이 자기 딸을 죽이는가 하면, 마을 주민들은 이를 당연시할 뿐만 아니라 그 동생과 어머니를 칭찬하는 식의 명예살인이 대표적 사례이다. 물론 인도 사법당국이야 살인자를 강력히 처벌한다지만, 해마다 희생되는 여성은 수백 명에 이른다. 세계 최고 경제성장률을 기록 중인 나라, 새로운 정보통신 강국으로 등장한 나라, 머잖아 중국을 추월해 글로벌 경제 리더의 위치에 오를 가능성이 높은 나라에서 일어나는 일 치고는 쉽게 이해가 안 된다.

인도 사람들은 기본적으로 중매결혼을 선호한다. 그들은 가족관계를 중요시해서 집안에 문제가 생기면 회사일이든 무슨 일이든 만사 제쳐두고 달려갈 정도인데, 중매제도는 그런 인도인 특유의 가족관과 가문의식 보호에 딱 들어맞는다고 여긴다. 평소 자녀 보살피기야말로 자신이 해야 할 최우선의 의무라는 믿음이 강한 데다 상대 집안의 종교, 카스트, 경제적 형편을 따져 아들, 딸의 배우자를 맺어줄 수 있어서다. 과거 우리의 경우가 그랬던 것처럼 이렇게 집안 대 집안, 가문 대 가문의 만남을 통해 결합된 부부는 마음대로 갈라서지 못한다. 특히 여성으로서는 남편이 바람을 피운다거나 성격이 난폭해 폭력을 휘두른다 해서 친정에 일러바치고 짐을 싼다는 것은 큰일날 행동이다. 만일 부부 사이에 중대한 문제가 있다 해도 이를 해결할 사람은 두 가문의 어른들이다.

원래 고대 인도에서 사춘기 무렵 아이들이 위험한 불장난에 빠져 골치 썩이는 문제를 예방하고자 고안된 제도가 아동결혼이었다. 당시 인도인들은 어린아이 티를 못 벗어난 사춘기 이전 연령의 아들, 딸을 양가 부모의 합의하에 혼인시켰다. 다 자란 자녀가 부모의 기대와 달리 어느 날 갑자기 하위 카스트, 하급 신분 출신의 인물을 배우자로 고르고 나설 때 발생할지도 모르는 근심거리를 일찌감치 없애버리려 한 것이다. 아동결혼은 카스트제도 유지에 기여하면서 각종 사회적 차별의 내면화를 유발했다.

현대 인도에서 아동결혼은 불법이다. 18세 이상인 자녀들은 자기 배우자를 스스로 선택할 수 있다. 그러나 상당수 인도 사람들은 지금도 동일 종족, 동일 종교, 동일 카스트끼리 중매결혼하도록 아들, 딸을 꽉 묶어두고 싶어한다. 자녀가 본인 뜻대로 연애결혼하겠다고 고집부리면, 부모는 재산상속을 해주지 않는다든지, 집에서 쫓아낸다든지 하는 식으로 협박하여 무력으로 진압한다. 아주 일부는 언론 보도와 같이 가문의 수치로 여기는 아들, 딸을 아무런

죄책감도 느끼지 않고 죽여서 집안에 방치하거나 차 안에 내팽개
치고, 혹은 동네 어귀에 매달아 둔다. 사정이 이러하니 청춘남녀는
적잖게 공포와 두려움에 떨면서 부모의 중매결혼 제안을 순순히
받아들인다. 대학 시절, 직장 시절에 연인과 애틋한 사랑을 나누다
가도 막상 결혼해야 한다는 전갈이 부모로부터 오면 군소리 없이
따른다. 죽을 각오가 아닐 바에야 자신의 상속재산 잃어버리길 원
하지 않고 가족이 이웃으로부터 수치 당하길 바라지 않아서다.

요즘 부모들은 매파를 통해 자녀의 신랑감, 신붓감 고르기에 실
패할 때는 일간신문 일요판과 인터넷 샤디 닷컴(shadi.com)을 이용
한다. 샤디는 결혼이란 뜻의 힌디어다. 이 경우 어느 쪽이든 젊은
남녀의 종교, 혈통, 경제적 능력, 교육 정도 등 자세한 조건이 실린

힌두 결혼식에 등장하는 신부 서약식

광고를 보고 연락하면 서로 애기가 오가는데, 가장 큰 관심사는 딸 가진 부모가 제시하는 지참금이다. 대개 결혼 성사 여부는 법적으로 허용되지 않되 사회적으로는 인정되는 여성의 지참금 액수에서 판가름나고 정작 중요하게 고려해야 할 당사자의 의견은 논외로 치부한다. 마치 물건 거래하듯이 주고받는 중매결혼은 주로 지켜야 할 신분과 지위가 있는 사람들 사이에서 행해진다. 그래서 집안이 가난한 여성, 부모 없이 자란 여성은 종종 노처녀로 늙어간다.

썩 마음에 드는 신랑감이 있어 비싼 지참금을 주기로 약속하고 결혼해도 지불 날짜를 어긴 신부는 시댁 식구들에게 시달리다가 쫓겨나든지 그들 손에 죽는다. 예를 들어 이런 비극이 있었다. 어떤 집에 중매로 갓 시집온 며느리가 제때 지참금을 못 건네자 시어머니는 돈 갚으라면서 아침저녁으로 들들 볶아쳤다. 조건 믿고 결혼한 남편까지 거들었다. 참다 못한 그 며느리는 친정집에 연락해 한번 다니러가고 싶다고 간청했다. 딸이 시집가서 여섯 달도 안 돼 친정 오는 것을 가문의 수치로 생각한 아버지는 여섯 달을 채운 뒤 오라고 답을 줬다. 순종이 몸에 밴 딸은 어서 여섯 달이 지나기만을 손꼽아 기다렸다. 하지만 어느 날 시어머니가 부엌에서 밥 짓는 며느리에게 휘발유를 끼얹고 불을 붙이는 참극에 며느리의 바람은 물거품이 되고 말았다. 결국 무서운 시어머니는 살인죄, 거든 남편은 살인방조죄로 체포되었다.

종교, 신분, 혈통의 장벽을 넘어선 연애결혼에 멋들어지게 성공한 예도 있다. 특히 자와하랄 네루의 외동딸 인디라와 중동계 무슬림 후손인 피로즈 칸이 보여준 사랑은 충격에 가까웠다. 카시미르 브라만 집안 출신으로서 자존심 센 아버지 네루는 딸의 황당한 결

곱게 차린 힌두 신부

혼선언에 호적까지 파내 가라며 격렬하게 반대했다. 고집쟁이 인디라는 그러겠다면서 맞섰다. 네루 가문의 부녀간 전쟁은 피로즈를 양자로 삼겠다는 마하트마 간디의 중재 덕분에 잘 끝났다는 이야기가 가십으로 전해진다. 이 이야기가 어느 정도의 사실성을 담고 있는지는 모르지만 이종교 간 결혼 자체가 파격적이기는 했다. 이교도 피로즈와 결혼한 인디라 네루는 힌두 풍습대로 남편의 카스트를 따라 인디라 간디가 되었고 두 아들을 낳았다. 그 가운데 맏아들 라지브는 영국 유학 중에 만난 이탈리아 여성 소니아와 국제결혼까지 했으니 모친 인디라보다 한술 더 뜬 셈이다.

간혹 주변의 시선에 당당한 부친을 둔 젊은이들도 바라는 사랑을 얻는다. 언론인 수크비르가 다른 카스트 집안의 여성과 사랑에 빠졌다. 이 사실을 알게 된 여성의 부모는 딸을 데려다가 몰래 감

야외 소풍을 즐기는 젊은이들

금했고, 수크비르는 경찰에 알려서 연인을 되찾았다. 그러고는 양가 부모가 불참한 가운데 사원에서 힌두 결혼식을 치렀다. 법적으로 정당한 결혼이었으나, 신부 부모가 보기에는 상이한 카스트 출신의 결합이어서 딸이 불행해질 게 뻔했으므로 난리를 부렸다. 신랑 집안사람들 역시 말렸다. 사태를 수습한 이는 수크비르의 부친이었다. 그는 "초트리 차란 싱 수상은 되고, 나는 이런 결혼을 허용하면 안 된다는 말인가!"라고 말하면서 주위의 반대를 일축해 버렸다. 나중에는 수크비르의 여동생도 오빠를 닮아 다른 카스트 젊은이와 결혼했다.

급속한 경제발전이 이루어지고, 도시화가 진행되고, 시민 의식 수준이 개선되는 과정에 놓인 오늘날의 인도 사회는 날마다 변화한다. 전통관습과 관행은 천천히 바뀌어 가는 중이다. 대학 캠퍼스나 도심 공원에서 남의 눈길을 피해 서로 부둥켜안은 젊은이들 앞에는 도전과 순응의 과제가 기다리고 있다.

Guru Business

야무나 강변에 악샤르담이라는 힌두 사원이 있다. 2005년 11월 공사에 들어가 다섯 해 걸려 완공된 이 사원은 힌두 구루 바그완 스와미나라얀을 기리는 곳이다. 그의 추종자들이 돈을 모아 세운 건물 준공식에는 수상인 만모한 싱을 비롯해 내로라하는 인사들로 꽉 들어찼다. 인도 문화와 영성을 한꺼번에 감상할 수 있도록 꾸며서 200루피의 관람료가 아깝지 않다고 한다. 오늘날 인도에서 성행하는 이런 식의 사원 건축은 좋게 말하면 정신적 스승인 구루를 기리려는 것이요, 조금 삐딱하게 보자면 구루 비즈니스의 한 방편이다.

스와미나라얀은 이리저리 다 들어맞는다. 그는 불과 열 살에 까다롭기 그지없다는 산스크리트어판 베다와 우파니샤드 등 힌두 경전을 모두 외우고 약관의 나이에 인도 전역을 순회하면서 순례자의 길을 걸었다. 그리고는 불과 49세를 일기로 세상을 떠났다. 스와미나라얀을 못 잊어 하는 사람들 중에는 스승을 오래도록 기억하기 위해 애쓰는 쪽이 있는가 하면, 사업화에 골몰하는 쪽도 있었다. 이른바 구루 비즈니스의 상품으로 삼는 것이다. 인도 역사상

스와미나라얀에 버금가는 구루들이 즐비하니 유사한 사례가 많다.

비즈니스에서는 기본적으로 판매자와 구매자가 있어야 한다. 물론 판매자는 구매자의 흥미를 끌 만한 상품을 미리 준비하기 마련이다. 인도 구루 시장에 대해서는 종교심리학자인 미라 난다의 견해를 참고할 만하다. 그녀는 자신의 저서 『The God Market』(2011)을 통해 구루 비즈니스 상품을 세 가지로 분류했다.

첫째는 기적을 행해 이성을 무력화시키는 스타일이다. 대표적인 사례로는 인도 힌두교계의 정신적 지도자이며 전 세계 추종자들에 의해 신으로 추앙받는 스리 사스야 사이 바바가 있다. 지난해 4월에 사이 바바는 과학자, 정치인, 법조인, 관료, 문화예술인, 스포츠인 등 여러 군중들이 지켜보는 가운데 조용히 눈을 감았다. 살아생전에 사이 바바의 기적과 신성을 향한 대중신앙은 동성애, 살인, 속임수가 얽히고설킨 소문이 떠돌고 어마어마한 규모의 재단 재산 문제로 잡음이 끊이지 않아도 요지부동이었다. 인류학자 카타리나는 그런 사이 바바를 일컬어 '20세기 인도의 신인(神人)'이라고 표현했다. 카타리나가 보기에 사이 바바는 추종자들의 심리를 잘 요리할 줄 알았다. 예를 들어, 대규모 대중집회를 열어서는 사람들이 한참 동안 기다리도록 애태우다가 갑자기 나타나는 방법을 썼다. 빼곡하게 들어찬 청중 사이를 지나는 도중에 갑자기 멈춰서 최면을 걸듯이 집회 참가자의 눈을 직시하는 이벤트도 선보였다. 열광적인 분위기 속에서 치밀하게 연출된 상황은 사람들을 한층 더 흥분 상태로 몰아넣었다.

1990년대 들어 사이 바바는 130여 개 나라에 지부를 설치함으로써 거대한 영적 제국을 건설한다. 5만여 명을 수용할 수 있는 널찍한 아쉬람에 머물면서 추종자들을 이끌어가는 그의 위상은 이제 단순히 기적을 일으키는 신인의 단계를 넘어섰다. 그는 자신을 신이라고 믿는 사람들 사이에 머물기를 즐겨했고, 믿음의 결실로 불가능한 것 없이 바라는 바를 모두 이루어 주고 싶어했다. 사이 바바는 세상 사람들의 영적 갈증을 어떻게 채워줘야 하는지를 알았던 것이다.

아마 사이 바바와 가장 유사한 인물이 암마라고 불리는 인도 힌두교의 여성 지도자 마타 암리타난다마이일 것이다. 사람들은 남인도 케랄라 출신으로 푸짐한 몸매를 가진 그녀가 따뜻하게 안아 주고 입맞춤해 주고 꿈에 나타나면 모든 것이 만사형통하리라 확신한다. 이러한 믿음에는 이유가 없다. 사이 바바의 추종자들처럼 암마를 따르는 집단도 대부분 영적 공허감을 해결해 줄 구루를 찾아 나선 이들이 중심이다. 암마는 스스로 모여든 사람들을 앞에 둔 채 공식행사를 진행할 때 연단을 높이 올리고 카메라를 크레인에 매달아 중계한다.

두 번째 유형은 좀더 철학적이고 경건하다. 이에 해당하는 구루들은 딱딱한 경전을 현대인의 취향대로 쉽게 풀어 설명해 주는 능력이 있다. 바가바드기타를 오늘날의 감각에 맞게 재해석하고 영성과 세속적 성공을 일체화시킨다. 악샤르담의 주인공인 바그완 스와미나라얀이 주로 그렇게 대중을 모았다.

하지만 가장 인기를 끄는 것은 요가와 묵상을 결합한 가르침이다. 콧구멍을 번갈아 막고 숨을 내쉬는 호흡법으로 영성 수련자들에게 널리 알려진 스리 스리 라비 상카르가 여기에 속한다. 방갈로르에 본부를 둔 상카르의 아쉬람은 인근 IT업체 종사자들에다 먼 길을 온 파키스탄인, 이란인, 이라크인 수행자들로 붐비는데, 독특한 요가 방식을 통해 심신에 쌓인 스트레스를 말끔히 치유해 준다고 소문났다.

이렇게 인도에서 구루 비즈니스가 성행하는 데는 까닭이 있다. 우선 중산층은 삶의 고뇌를 풀어낼 길이 막막하다. 심지어 어떤 사람들은 정신적 고민거리를 가진 인도 중산층이 할 일이라고는 동성애에 빠지든지 구루에게 달려가는 수밖에 없다고 단정지을 정도다. 네루, 암베드카르를 비롯한 인도의 정치지도자들이나 웬만한 합리주의자들도 구루의 '기적'에 숨겨진 허구성을 지적하되 이런 현실에 대해서는 별다른 언급을 하지 않았다.

부유층이 구루들에게 몰리는 이유는 간단하다. 자신들의 내면에 감춰진 죄의식을 없애 주기 때문이다. 인도인들은 대체로 부에 대해 정신분열적인 면을 보여 왔다. 돈 벌기를 바라면서도 부를 멀리하는 이들을 숭배했다. 그런데 구루들은 영성 추구와 물질적 부유함 사이에서 균형 잡는 법을 가르침으로써 죄의식을 잊게 만든다. 맘껏 벌어서 불우한 이웃과 사회의 복지를 위해 기부하면 된다고 일러준다. 그러니 많든 적든 죄책감에 시달리던 부자들은 위안을 얻고, 그 대신 구루의 아쉬람에 큰 돈을 내놓는다. 요즘 이름난 구루의 비즈니스는 어디를 가도 팽창일로다.

하지만 여기에는 근본적으로 짚고 넘어가야 할 문제가 있다. 얼핏 보기에 개인이 구루를 만나 정신적 스트레스를 치유받고 그 대가로 부지런히 일해 모은 돈의 일부를 드린다는 것은 자연스러운 만남이요, 성의 표시라서 전혀 나무랄 게 없다. 다만 과정이야 어떻든 수북한 재물의 쓰임새는 그냥 지나치기 어려운 관심사다. 실제로 구루 추종자들의 기부금 가운데 상당액이 정치자금으로 흘러 들어간다는 것은 공공연한 비밀이다.

부자들이 구루를 만나 죄의식을 말끔히 날려버리고 기부 절차를 통해 구원에 이르는 방식도 그렇다. 이는 중세 가톨릭교회의 면죄부를 떠올리게 한다. 성찰, 통회, 고백, 보속의 단계를 밟아 진행되어야 마땅한 고해성사가 면죄부만 구매하면 바로 보속에 이르던 시절의 얘기다. 그것은 십자가 없는 부활이었다. 타락이 극에 달한 상황에서 기독교가 온전히 존립할 리 만무했다. 오늘날 인도의 사정이 이와 닮았다. 혹시 부를 축적하면서 저질렀을지 모를 죄악에 대한 구체적인 성찰을 쏙 빼버린 채 오직 구루에게 헌신함으로써 구원된 것인 양 얼버무리다니 당사자나 사회를 위해 안타까운 일이다.

한 가지 더 중요한 문제는 인도인들의 생활 저변에 깊숙이 뿌리내리며 번성 중인 구루 비즈니스가 세계 힌두화와 서로 닿아 있다는 것이다. 이름깨나 날리는 구루들 가운데 사이 바바를 제외한 대다수는 아요디아 사원 소유권을 둘러싸고 국내 종교분쟁이 벌어졌을 때 이슬람 세력을 무력으로 내쫓아서라도 아요디아에 힌두교의람 사원을 짓자는 세계힌두평의회(VHP) 편을 들었다. 무소유를 기치로 내걸면서 BMW를 타고, 관용과 평화를 외치면서 타 종교를 핍박하는 자기모순에 갇혀 있지만, 달리 대안이 없으니 인도인들은 '구루'라는 상품을 소비한다.

내 이름은 칸

우리나라에도 선보였던 인도 영화 〈내 이름은 칸〉(My name is Khan)에는 뒷얘기가 많다. 평론가들이 예술성이나 완성도 면에서 뛰어난 작품이라면서 후한 점수를 매기고, 개봉 첫날에 전국의 웬만한 멀티플렉스와 단일 상연관이 이 영화로 도배를 했지만, 인도 사회 내부의 얽히고설킨 사정과 정서가 갖가지 우여곡절을 낳았다.

무엇보다 개봉 전후해서 영화 내용에 대해 이러쿵저러쿵 논란이 분분했다. 무슬림의 눈으로 세상을 바라봤다는 둥, 악의 편을 들었다는 둥, 테러리즘에 온정적이라는 둥 온갖 구설이 들끓었다. 참다못한 주연배우 샤룩 칸은 언론 인터뷰를 통해 영화가 말하고자 한 바를 직접 들려주었다. "이는 사람과 사람 간의 관계, 개인과 국가의 관계에 관한 영화다. 영화는 9·11 테러 이후 서구세계와 이슬람 사이에 어떤 변화가 있었는지를 알리려 하고, 한 가족이 9·11 테러 탓에 어떻게 바뀌는지를 객관적으로 다루려 한다. 또 그 속에서 장애를 가진 젊은이가 테러리즘, 증오, 전쟁 때문에 무력해진 세상과 싸우는 스토리를 담고 있다. 주변 사람들이 무슬림을 대하는 눈길에 주목하지만, 제작진은 어느 편도 들지 않는다. 그저 세상에는 선한 사람과 악한 사람이 있다는 메시지를 던지고 싶을 뿐이다. 선한 무슬림과 악한 무슬림, 선한 기독교인과 악한 기독교인의 구분은 없다. 인간애를 기준 삼아야지 종교를 잣대로 사람을 재단해서는 곤란하다. 이 영화의 세 가지 구성요소는 사랑, 이슬람, 가벼운 자폐증이다." 샤룩 칸이 아무리 조리 있게 설명해도 시끄러운 건 똑같았다.

샤룩 칸은 영화 개봉 이전에 인도 밖에서부터 개운치 않은 일을 겪었다. 한창 영화를 제작하던 도중에 미국 뉴욕을 방문한 샤룩 칸은 출입국 관리에게 잡혀 한 시간 동안 조사받았다. 그래도 명색이 볼리우드 영화계의 간판 배우인데 잠시나마 위험인물 취급을 당했다는 것이 마음에 상처를 줬고, 인도 주재 미국 대사는 무슬림 성씨 '칸'이 컴퓨터 화면에 나타나서 관행대로 처리하다 보니 그렇게 됐다고 얼버무렸다.

인도 국내에서는 더 심한 도전이 이어졌다. 출신 성분이 가장 큰 문제였다. 파키스탄계 부친한테서 태어난 샤룩 칸이 자신을 일러 무슬림이나 힌두가 아닌 인도인이라고 틈날 때마다 강조한들 태생적으로 따라붙게 된 무슬림의 꼬리표는 쉽사리 떼어낼 수 없었다. 그런 배우가 수상한 내용의 영화에 출연했으니 가만둘 리 만무했다. 〈내 이름은 칸〉이 개봉되던 날 한 일간지는 텅 빈 극장의 매표 창구를 지키고 선 경찰 사진을 실었다. 평소 샤룩 칸을 못마땅하게 생각해 온 힌두 원리주의자들이 극장 주인을 공갈 협박하는 바람에 발생한 불상사였다.

힌두 강경파가 샤룩 칸에게 악감정을 가진 데는 사연이 있었다.

힌두야말로 진정한 인도 사람이라고 우기는 이들이 적성국인 파키스탄 크리켓 팀의 인도 프리미어리그 참가를 반대하자 샤룩 칸은 순수 스포츠에 정치를 개입시킨다면서 비난했다. 이를 계기로 양측의 관계가 불편해졌고, 그 여파가 영화 〈내 이름은 칸〉에까지 이른 것이다. 결국 〈내 이름은 칸〉 시사회는 삼엄한 경비 속에 진행되었으며, 개봉날에는 수백 명의 힌두 원리주의자들이 경찰에 붙잡혀 갔다.

반드시 〈내 이름은 칸〉이 아니더라도 인도에서는 개봉을 앞둔 영화가 불합리한 이유로 상영되지 못하거나 심한 반대에 부딪혀 애먹은 적이 여러 번 있었다. 인도 사회의 치부를 적나라하게 까발린 영화에 대해서는 잘 만들었든 못 만들었든 반발이 더욱 거세다. 고(故) 풀란 데비 의원의 삶을 그린 〈산적의 여왕〉(Bandit Queen)은 상영조차 불가능했다. 그녀는 최하층 신분의 딸로 태어나 무수한 고통과 수모를 겪고, 의적이 되고, 자신을 능욕했던 사람들을 찾아내 처단한 뒤 감옥살이하고, 정치인이 되어 천대받는 주민을 위해 일한 것으로 유명하다. 올케와 시누이 사이의 동성애를 다룬 〈불〉(Fire), 여덟 살에 과부가 된 힌두 소녀의 일생을 묘사한 〈아쉬람〉(Water)은 개봉되자마자 막을 내렸다. 이러한 영화들이 인도 사회의 어두운 면을 부각시켜 공격당했다면, 영화 〈내 이름은 칸〉이나 배우 샤룩 칸은 힌두 원리주의자들의 정치적 입지 굳히기에 이용당했다. 인도에서 영화는 예술적이고 다분히 정치적이다.

노인의 하루

4월 어느 날 새벽 다섯 시에 동네 공원을 찾았다. 일 년 내내 언제든 갠 날이면 모습을 보이는 할머니들이 오늘도 하늘을 향해 한 손을 찔러대면서 래핑요가를 하고 있다. 몇 발짝 떨어져서는 바깥노인들이 줄 맞춰서 오고 간다. 어떤 분은 손에 소형 단파 라디오를 들고 새벽마다 틀어 주는 만트라(가락을 지닌 게송)를 들으며 유유자적 산보한다. 이런 것이 인도 수도 델리의 낯익은 새벽 공원 풍경이다.

손자와 함께 산책에 나선 샤르마 할아버지를 만났다. 올해 일흔다섯에 접어든 노인은 수십 년 전 지금의 파키스탄 땅 라호르에서 대학을 졸업하고 철도 공무원이 되었다. 영국 식민지배로부터 해방된 후 다시 종교 갈등으로 나라가 갈라진 후에는 이슬람 세력이 차지한 파키스탄에 남으려니 불안해서 다른 힌두들을 따라 인도로 넘어왔다. 그리고는 1986년 퇴임할 때까지 40년의 세월 동안 환자를 수송하는 공무에 종사하면서 다섯 자녀를 키웠다. 요즘은 공직 경험을 살려 약국 없는 동네에서 무료 약제사로 봉사한다. 보수는 안 받는다. 매달 연금으로 나오는 7,000루피(약 20만 원)만으로도 지내

는 데 충분하단다. 샤르마 할아버지는 이 일을 즐기며 큰 보람을 느
낀다.

잔디 깔린 공원을 맨발로 거니는 40대 후반의 프라카시 아저씨
는 2대째 포목점을 운영 중이다. 지난해에는 가게를 물려준 부친
이 일흔여덟에 세상을 떠났다. 눈 감는 그날까지 일하기를 간절히
바랐지만, 돌아가시기 수년 전부터 시력과 청력을 잃어 힘들었다.
프라카시 아저씨의 기억 속에 생생한 부친의 일상은 이랬다.

그의 부친은 아침 6시쯤 일어나서 만디르(힌두사원)에 갔다가 8
시를 전후해 돌아왔다. 짜이와 비스켓으로 아침식사를 간단히 때
우고, 9시에 목욕하고, 정오에 인도 빵 짜파티와 채소요리를 곁들
여 점심식사를 마치면 낮잠을 잤다. 오후 3시에 깨어나 아이들을

힌두사원에서 아침을 맞는 사람

앞세워 이리저리 거닐다가 4시에 만디르로 가서 5시까지 기도했다. 귀가해 저녁식사를 끝내고, 7시에 재차 만디르로 가서 기도를 올리고, 잠자리에 드는 시간은 밤 9시였다. 부모님이 다 살아계실 때는 늘 만디르에 동행했는데, 부친 혼자 남게 된 후에는 아이들이 같이 다녔다.

프라카시 아저씨의 부모님처럼 힌두 노인들이 하루 네댓 시간씩 만디르에서 보내는 것은 종교적 성실함 때문이기도 하겠지만, 그에 못지않게 일상을 지배해 온 상층 카스트적 생활방식의 영향이 절대적이다. 힌두는 인생을 브라마차리(6살부터 12살까지 구루의 가르침하에 교육·훈련 받는 수련기), 그리하스타(결혼 후 가정에 머무는 시기), 바나프라스타(첫 손자를 보고 난 후 세상사에서 손을 떼는 시기), 산야신(가족과 자기를 둘러싼 모든 것을 떠나 해탈을 위한 유랑의 길로 들어서는 시기)으로 나누어 의미를 부여한다. 그러나 현실은 정해진 틀을 지키기에 어려움이 많은데, 나이 지긋한 인도 사람들은 만디르를 부지런히 방문함으로써 부족하나마 바나프라스타와 산야신을 실행에 옮기고 있다는 위안을 얻는다. 집을 나와서 만디르로 향하는 걸음이 마치 가족을 뒤로한 채 유랑의 길을 떠나는 산야신과 유사하다는 이유에서다.

일흔 살의 법관 출신 무슬림인 알람 할아버지도 힌두 노인들과 유사한 생활을 한다. 기도처가 힌두사원 만디르 대신 이슬람모스크 마스지드라는 게 다를 뿐이다. 그는 법관 경험을 살려 아침식사 후 정오까지 후진들의 고충을 들어주고 해법 알려주는 것을 노년의 보람으로 삼고 있다.

델리에서 두어 시간 떨어진 하리야나의 대지주 토까스 할아버지는 도시 분들과 다르게 하루를 보낸다. 만디르에 들러 일과를 시작하는 것만 도시 노인들을 닮았다. 조용히 기도드리고 돌아와서는 우유에 차를 탄 밀크티 한 잔을 마시고서 들판으로 간다. 일꾼들에게 그날 끝내야 할 작업량을 지시하고, 집에 돌아와 잠시 소일하다가 점심식사를 들고는 오침한다. 다시 오후 4시 무렵 들판을 한 바퀴 둘러보면서 혹시 더 신경 쓸 부분이 있는지 꼼꼼히 확인한 뒤 만디르로 걸음을 옮긴다. 그리고 해거름이면 귀가해 식구들과 모여앉아 저녁식사하며 하루 일을 마무리짓고 바로 잠자리에 든다. 어두워지더라도 전기가 들어오지 않는 데다 기름을 아껴 써야 하기 때문이다.

망중한을 즐기는 노인

오늘날 도회지와 농촌 노인들은 그렇게 지낸다. 인도의 65세 이상 노령인구는 전체 인구 중에 6% 수준이다. 이 수치는 증가 추세여서 2025년에는 12%를 웃돌 것으로 예상된다. 지금이야 전통이 남아 있어 연로한 어른 돌보는 문제를 대가족 울타리에서 해결한다지만, 노령인구가 늘어나고 산업화, 도시화, 핵가족화가 속도를 더하게 될 경우 다른 대책을 세울 수밖에 없다. 실제로 벌써 대도시 지역에는 양로원이 하나 둘 문을 여는데, 적당히 고급스러운 시설을 갖춘 곳이 한 달에 6,000~7,000루피를 받는다.

대체적인 사회 분위기는 아직 전통에 가깝다. 외출했다 귀가한 자녀는 반드시 부모의 발에 손을 대고 그 손을 다시 자신의 이마에 댈 만큼 섬긴다. 또 부모를 양로원에 보낸 자식은 상종 못 할 사람으로 몰린다. 인도 정부는 1947년 독립 이후 형사법에다 부모 부양을 기피한 불효 자녀에 대해 무조건 매월 500루피 이내의 돈을 지불하도록 강제하는 조항을 넣었다. 델리, 아삼 등 지방정부도 많게는 월 수백 루피부터 적게는 월 수십 루피까지 일정액의 보조금을 노인들에게 지급하고 있다. 세상이 빠른 속도로 바뀌면서 보나마나 이런 인도 노인들의 위상에 변화가 밀려오게 생겼다.

다즐링 소녀들

비디아는 스물세 살의 새댁이다. 열아홉 되던 해 결혼했으니, 벌써 주부로서 생활한 지 여러 해가 지났다. 그녀는 웨스트 벵갈의 다즐링에서 나고 자랐다. 신비스럽고 웅장한 카첸중가와 히말라야 영봉의 품속에 자리한 다즐링은 빼어난 산세에다 아름다운 차밭의 경관으로 널리 알려진 고장이다.

누구나 찾고 싶고 살고 싶어하는 곳이지만, 다즐링 젊은이들은 그토록 수려한 고향땅에 남으려 하지 않았다. 비디아도 결혼하자마자 남편과 함께 새로운 꿈을 찾아 델리로 나왔다. 다행히 똑똑하고 잘생긴 남편이 힌두어, 네팔어, 영어를 능숙하게 구사해 호텔에 일자리를 얻었고, 자신은 가정부 일을 하면서 생활비를 보탠다.

비디아의 고향 후배 수미라는 부지런하고 악착같은 열일곱 살짜리 일 년차 주부이다. 초등학생 정도의 가녀린 체구에 너무 앳된 모습이어서, 결혼했다는 말을 들으면 농담으로 여기기 쉬우나, 실제로 생활전선에 뛰어들어 이른 아침부터 저녁 늦게까지 남의 집 도우미를 한다. 어린 부인보다 두 살 더 든 열아홉 살 신랑은 만두 만드는 회사에 나간다.

늘 몸이 고달프고 피곤해도 비디아 내외와 수미라 부부는 도시로 나온 다른 젊은이들에 비해 형편이 조금 나은 편이다. 요즘 인도에는 시골을 떠나 대도시로 와서 온갖 험한 고생을 하면서도 정착에 애를 먹는 이들이 많다. 위풍당당하게 짐을 싸 델리, 뭄바이, 콜카타로 왔는데, 막상 닥치고 보니 배운 것, 가진 것 없는 시골 출신 젊은이로서는 할 게 마땅찮기 때문이다. 글로벌 위기에도 불구하고 인도 경제가 해마다 고성장을 거듭했으나, 12억 전체 인구 중 절반 이상을 차지하는 25세 이하 청년 인력들에게 돌아갈 일자리를 골고루 창출한다는 것은 불가능하기에 더욱 그렇다. 결국 도시 생활을 갓 시작한 청년 일꾼들은 먹고 살기 위해 인력거를 끌고, 오토릭샤를 몰고, 포장마차를 꾸려 짜이나 짜빠띠를 팔고, 이러한 일조차 잡지 못한 일부는 실업 상태에서 거리의 부랑인, 노숙자로 전락한다.

매년 농촌지역으로부터 도시로 대규모 인구가 유입되는 상황이어서, 노동시장에서는 단순노동직의 취업 경쟁이 매우 치열하다. 이들은 일자리 선택권이 거의 없다시피 해서 작업 조건을 따지고 임금 수준을 살펴보는 식의 여유를 못 부린다.

지금 인도 젊은이들 앞에 놓인 현실은 30~40년 전 우리 청년들이 꿈과 도전, 성공과 좌절의 역사를 써내려갔던 격동기를 닮았다. 그들은 오로지 성공하겠다는 일념으로 당장의 외로움과 그리움을 참아낸다. 델리에 살고 있는 비디아가 다즐링의 가족을 만나자면 하루를 꼬박 달려가야 한다. 부부는 자주 히말라야 자락의 고향마을을 그리면서도 묵묵히 내일을 기다린다.

동성애자의 권리

수년 전 뉴델리 중심거리가 동성애자들로 가득 메워진 적이 있다. 동성애가 사회 기강을 문란케 하는 범죄라는 이유로 해당자에게 10년 징역형을 규정한 인도 형법 377조 폐기를 요구하기 위해 모인 것이다.

1860년 식민지 치하에서 제정된 인도 형법은 그즈음 영국을 지배한 빅토리아 여왕 시대의 골수 청교도 정신을 반영하고 있다. 당시는 산업혁명 이후 영국 사회에서 주도권을 장악한 부르주아 계급이 청교도적 윤리를 내세우면서 테이블이나 피아노 다리조차 외설적으로 생겼다 하여 덮개를 씌우도록 강요하던 시기였다. 당연히 동성애를 바라보는 사회 전반의 시각은 차갑고 적대적일 수밖에 없었다. 능지처참까지야 차마 못 하더라도 최소한 정상적인 사람들로부터 영원히 격리시켜 감옥에서 자기들끼리 평생 '그 짓'을 하다 죽게 하자는 게 영국 지배층과 법 만드는 이들의 생각이었을 것이다. 이는 식민지 인도의 형법에도 그대로 전해졌다. 인도 동성애자들은 그런 배경하에 제정된 형법 조항을 뜯어고치려 했다.

따지고 보면 요즘 인도인들의 성 의식은 많이 달라졌다. 이러한 변화를 반영해서인지 그동안 영화 검열에 걸리기 일쑤이던 키스 장면이 용케 살아남는다. 온갖 외설스런 장면에다 빵빵한 육체파 배우들을 등장시킨 영화는 모른 체하고 키스 장면 찾기에만 잔뜩 열올리다가 놀림감으로 전락해 버린 검열위원회가 조금씩 마음을 고쳐먹었기 때문이다. 관광지에는 도색잡지 『카마수트라』가 넘쳐 나고, 역사 속 왕들의 난잡한 성생활을 세밀하게 그린 춘화 구하기도 어렵지 않다. 더욱이 인도 사람들은 오래전부터 남자도 여자도 아닌 제3의 성을 가진 히즈라를 어엿한 사회 구성원으로 인정해 온 전통이 있다.

아무리 힌두 영향력이 강한 사회라지만 이런저런 시대 흐름과 전통을 고려할 때 인도 형법 377조가 오늘내일 폐기된다고 해도 전혀 놀라울 바는 아닐 듯하다. 그동안 인도 대법원은 후세 교육에 해가 되므로 도저히 용납할 수 없다며 법규 폐기 건의를 번번이 기각해 왔다. 기껏해야 300~400만 명 수준으로 소수자인 동성애자들의 목소리가 힘을 얻기에는 역부족이어서였다.

물론 여기에는 일부 종교인들의 눈치 살피기도 한몫했다. 이슬람은 알라의 뜻에 어긋난다고 언급한 코란과 샤리아의 가르침을 들어 동성애를 죄악시했다. 기독교인들은 남색의 어원인 소돔과 그 땅의 멸망 이야기가 기록된 창세기를 읽으면서 거의 빅토리아 시대 사람들과 유사한 관점을 지니게 되었다. 종교인뿐만 아니라 평범한 주변 사람들의 눈초리 역시 매서웠다. 가뜩이나 성 정체성을 두고 고민에 빠진 동성애자들은 자기와 '다른 것'을 '틀린 것'으로 단정하려는 이웃을 피해 자꾸 그늘로 숨어 들어갔다.

그러다가 최근 인도 대법원이 입장을 바꿨다. 형법 377조가 성,

종교, 카스트, 출생지 차별을 금지한 헌법 15조와 자유권·인권을 다룬 14조 및 21조에 반한다는 판결을 내린 것이다. 동성애자들은 환호를 질렀고, 대중매체는 인도의 한층 더 성숙한 민주주의를 환영하였다.

하지만 법 조항이 폐기되었다고 해서 인도 동성애자들의 생활조건에 금방 대단한 변화가 일어날 것 같지는 않다. 법적 보호를 받더라도 정상적인 사회 구성원으로 살아가기에는 아직 넘어야 할 장벽이 너무 많다. 인도 사람들의 성 의식이 과거에 비해 한결 부드러워졌으나, '나는 짜이를 좋아하는데 그 친구는 커피를 좋아한다'는 식으로 상대방의 선호를 순순히 인정할 정도에는 못 미친다. 성적 소수자에 대한 인식을 넓히고 관용을 키우는 것은 인도 사회의 또 다른 해결과제 중 하나다.

몬순의 정치경제학

고대사회에서 물은 권력의 근원이었다. 군왕들은 치산치수를 통치의 시작이요, 끝이라 여길 만큼 산과 물 관리를 중시했다. 중국 전설시대의 성군으로 일컬어지는 우왕이 물을 잘 다스려 순 임금한테서 천자 자리를 물려받고 태평성대를 이뤘다는 옛날 애기가 전해질 정도다.

인도에서도 권력은 물과 밀접한 관련이 있었다. 예나 지금이나 비가 내려야 먹을 물, 농사지을 물이 생기지만, 이는 하늘의 뜻에 달렸다. 바람 부는 것을 사람 마음대로 못 하듯이 필요할 때 비 오게 하는 것 역시 사람의 능력 밖이다. 다만 고대에는 별자리를 연구하면서 천문지식을 축적해 둔 제사장들이 몬순 시즌의 시작 시기를 점치고, 그즈음 돼서는 왕이 참석한 가운데 소 잡고 말 잡아 거창하게 기우제를 지냈다. 이러한 제사장의 역할은 정치적 영향력을 발휘하기에 딱 좋았다.

신께 간절히 기원드렸음에도 불구하고 몬순 개시가 늦어질 경우 제사장은 이런저런 핑계를 대서 평소 자신을 시원찮게 대접했던 왕을 궁지로 몰았다. 왕이 부덕한 탓에 '물의 신' 바루나가 노하여

비를 제때 내려주지 않는다는 주장을 내세웠다. 이로써 민심이 들썩이고 권력기반이 흔들리는 위기를 겪어본 왕은 당대 지식인이라고 할 수 있는 제사장을 극진히 모셨다.

서민들에 대해서는 물질적인 헌신을 강요했다. 간절한 마음의 표시로 가락지, 팔찌, 귀고리, 목걸이를 신 앞에 가져오라며 거칠게 윽박질렀다. 하늘에 모든 것을 맡긴 채 근근히 살아가는 불쌍한 사람들로서는 불만스럽더라도 요구를 거절할 도리가 없었다. 그렇게 제사장이 한몫 단단히 잡는 동안 자연의 이치에 따라 몬순의 계절은 다가오고 배부른 신의 대리자는 쾌재를 부르며 거만을 피웠다.

세월이 수천 년 흘러 첨단과학의 시대가 도래했다고 한들 크게 달라지지는 않았다. 물과 비는 여전히 인도 사람들의 주된 관심사다. 몬순 시즌이 늦어져 농토가 쩍쩍 갈라지고 가뭄 피해가 극심한 해에는 비에 의존해 농사짓는 농민들의 울부짖음으로 야단이 난

비를 반기는 아이들

다. 주요 일간지마다 일기예측에 실패한 기상국을 두들겨 패는 기사가 잔뜩 실리고, 종교단체의 기우제 모습을 대문짝만하게 내보내는 시점이 이때쯤이다. 인도 전체 국민의 절대다수인 농민들 처지와 농업의 위상을 감안한다면, 이러한 언론의 태도가 지나치다는 생각이 들지는 않는다.

지난 수년간 인도 경제가 고도성장을 달성했지만, 국내총생산에서 차지하는 농업 비중은 아직도 20% 내외에 달해 매우 높다. 그러므로 몬순이 더디 오거나 제 시기에 오되 강우량이 적어 벼, 콩, 사탕수수, 목화 등 농작물 파종시기를 놓칠 경우 국가 경제와 국민생활에 엄청난 타격을 미친다. 이런 상황이 닥치면 주 정부들은 부랴부랴 대책을 내놓는다. 최근 비하르 주는 지속적인 관개를 위해 디젤유 지원방안을 검토하고, 안드라프라데시 주에서는 인공강우를 시도할 것인지의 여부를 고려한 바 있다. 중앙정부는 홍수 피해를 수습하면서 그랬던 것처럼 가뭄 피해를 당한 농민들에게 보상금을 지원한다. 그러나 동서고금을 떠나서 언제 어디서든 사후약방문보다 근본적인 대안 마련이 중요하다. 매년 인도대륙을 찾아오는 몬순 시즌의 개시 시기가 들쑥날쑥하다 하여 하늘 탓만 할 수는 없는 노릇이다.

몬순 못지않게 인도 농민들이 당면한 문제는 지하수 고갈이다. 당장 편잡 등 주요 곡창지대는 양질의 땅속 물이 부족해 곤란을 겪기에 이르렀다. 정부의 수자원 관리정책이 허술한 데다 곡물 증산을 목적으로 남용한 화학비료와 농약 성분이 토양 심층부에 쌓여 지하수를 오염시키기 때문이다. 사정이 이토록 심각한데도 원초적 고통을 해결해 줄 인프라 구축사업은 느릿느릿하다. 일부에서는

인도 북서부에 위치한 라자스탄의 사막지대

히말라야의 맑고 풍부한 수자원을 델리까지 끌어들여 드넓은 펀잡 평야와 델리평야를 살찌워야 한다는 주장을 편다. 이는 남부 사하라 사막의 지하수를 퍼올려 트리폴리, 벵가지 등 대도시와 트리폴리타니아, 키레나이카 등 농경지대에 공급하고자 진행 중인 리비아 대수로 건설공사를 연상케 하는 아이디어다.

세계은행의 전망에 따르면, 머잖아 인류는 물 전쟁에 휩싸일 가능성이 높다고 한다. 2035년쯤에는 지구촌 인구 가운데 30억 명이 물 부족에 시달리고, 수자원을 둘러싼 갈등이 국가 간 군사 분쟁으로 비화하며, 물 부족사태가 경제위기를 유발하리라는 것이다. 거의 늘 수해보다 한해가 극심한 인도로서는 한가롭게 하늘의 자비만 기다리지 말라는 경고나 마찬가지다. 지각 몬순과 건조한 몬순이 자주 인도 사회를 뒤흔들고 경제에 주름살을 더하기 일쑤니만큼 연중행사처럼 기상 관계자들을 닦달하는 대신 진작부터 철두철미하게 치수에 힘쓰라는 권유이기도 하다. 이럴 경우 고대사회 이래로 명맥을 이어 온 인도의 기우제 소동은 조용히 막을 내릴 게 분명하다.

버리는 사람과 줍는 사람

〈슬럼독 밀리어네어〉라는 영화가 있다. 영국 출신의 대니 보일 감독 작품인데, 인도 빈민가에서 어렵게 자란 소년이 온갖 역경을 이겨낸 끝에 퀴즈쇼를 통해 백만장자가 된다는 극적인 이야기를 담았다. 이 영화는 예술적으로나 상업적으로 대단한 성공을 거둬서 8개 부문 아카데미와 80개 이상의 다른 상을 탔고, 전 세계 관객들에게 커다란 감동과 재미를 안겼다.

이와 무관하게 제작된 우리나라 방송의 인도 관련 프로그램도 떠오른다. 제목이 무엇이었는지 정확히 기억나지 않지만, 연예인들과 제작진이 인도 델리 교외에 위치한 빈민가를 찾아가서 소년·소녀와 그들의 가족을 돕는 글로벌 봉사가 주된 내용이었다. 당시 비슷한 포맷으로 아프리카, 동남아시아 등지의 여러 나라 빈곤지역을 방문해 위로하는 방송물이 워낙 많아 개성이야 그만그만했으나, 그 프로그램 카메라에 비친 장면들은 잊을 수 없다.

두 작품에 공통적으로 등장한 것은 인도 빈민들의 참혹한 생활상과 더불어 온 천지에 널린 쓰레기이다. 특히 〈슬럼독 밀리어네어〉를 보면서, 설마 거리가 저렇게 지저분할까 궁금해 하고, 텔레비전 방

송을 시청하면서도 쓰레기 처리가 저토록 통제 불능일까 의문을
가질 만큼 '쓰레기'의 충격은 대단했다. 그런데 여행자가 확인한
실상도 그와 가까웠다. 대도시 대로변, 골목길은 실망스러울 만치
지저분한 데다 담장 너머 쉽게 눈에 띄지 않는 으슥한 곳 역시 군
데군데 온통 비닐, 플라스틱류와 음식물 쓰레기로 뒤덮여 있다.
중소도시로 가는 길, 시골 근처도 그랬다. 델리와 자이푸르를 잇
는 도로, 기찻길 주변은 물론 마을 공터, 웅덩이, 풀밭 곳곳이 쓰
레기 차지이다. 탁 트인 평야지대를 배경으로 저 멀리 잘 정돈된
농지, 개천, 숲은 서로 어우러져 아름다운 전원풍경을 그려내는데
사람들 왕래 빈번한 통로의 길가, 유휴지, 덤불에는 골칫거리가
쌓여 있다.

우리가 농업을 주로 하던 시절에는 쓰레기 없는 자원 순환 사회
였던 것처럼 인도의 경우도 불과 얼마 전까지만 해도 소비한 찌꺼
기를 땅으로 되돌릴 수 있었다. 잠시 시간을 거슬러 올라가면 우리
부모님과 부모님의 부모님은 쓰고 나서 버리게 되는 것들을 거름
삼아 곡식에 주고, 화초에 뿌리고, 땅에 묻었다. 인도인들은 식사
때 바나나 잎을 밥그릇 대용으로 사용하고, 토기를 찻잔으로 썼다.
붉은 빛 흙을 빚어 만든 용기에는 심지를 꽂아 불을 밝혔다. 그러
나 수십만, 수백만 규모의 인구 밀집 도시가 즐비한 지금으로서는
농경시대 생활방식을 그대로 고수하기 어려울 수밖에 없다. 그렇
더라도 쓰레기 수거, 분류, 처리를 깔끔하게 해야 할 텐데, 그게 삐
걱거려 〈슬럼독 밀리어네어〉와 우리 방송이 그린 대로 곳곳에 비
닐, 플라스틱, 음식물 밟히는 인도가 되고 말았다.

인도 수도 델리의 청소 업무는 도시공사 소관이다. 그곳에 소속

된 직원들이 도시의 거리 청결을 책임진다. 동네는 저마다 마을 위원회에서 담당 인력을 둬 청소하도록 한다. 하지만 이들의 수거활동은 느리고, 수거된 쓰레기는 바로 매립장이나 소각장으로 옮겨지지 않고 여기저기 쌓여 있으며, 더군다나 매립장은 차고 넘칠 지경이다. 여기에다 카스트에 꽉 막힌 시민들의 의식은 문제를 더 답답하게 만든다. 다수 인도인들의 의식 밑바닥에는 상층 카스트가 쓰레기를 버리면 하층 카스트의 누군가가 치워야 한다는 고정관념이 단단히 박혀 있다. 도시가 어떻게 되든 말든 버리는 사람 따로 있고, 줍는 사람 따로 있다는 말이다. 또 실제로 청소 종사자들은 최하층 불가촉천민 신분이 많아서 보통 인도인들의 경우 아무렇게나 오물을 내던지면서도 잘못이라는 생각, 미안하다는 생각을 안

쓰레기 줍는 여인

한다. 치우는 사람도 신분에 의해 정해진 운명에 따라 그 일을 하는 탓에 대충대충 대강대강 건성건성 쓸고 만다. 이런 상황이다 보니 웬만한 인도 도시들과 마찬가지로 델리는 비가 조금만 내려도 금세 물난리가 난다. 하수구와 물길이 막혔기 때문이다. 시민들의 무신경한 행동, 청소인부들의 무책임한 업무수행, 공공기관의 무능한 관리가 쓰레기 갈 곳을 가로막고 있는 것이다.

부패인식지수

국제투명성기구는 해마다 국가별 부패인식지수 (Corruption Perceptions Index)를 발표한다. 2011년에는 뉴질랜드가 9.5점으로 1위, 덴마크와 핀란드가 9.4점을 얻어 공동 2위를 차지했다. 반면 3.1점의 인도는 182개 조사대상 국가 중 95위였고, 5.4점의 우리나라가 43위로 나타났다. 소말리아와 북한이 꼴찌를 차지했다. 이 자료만으로 본다면, 인도의 부패 정도는 세계에서 중간쯤 된다.

그런데 막상 부딪힐 때 느껴지는 인상은 더 심각하다. 내외국인 구분 없이 누구든 비즈니스에 필요한 절차를 조금이라도 빨리 끝내려면 관리들에게 소위 급행료를 지불해야 한다. '돈 먹는 불가사리'로 익명을 떨칠 만큼 인도 공무원 조직은 관료제도의 나쁜 점을 적나라하게 보여준다. 외국인들은 국부이자 무소유의 상징인 마하트마 간디의 모습이 새겨진 지폐 다발을 가져다가 바치지 않고서는 담당 관리를 만날 엄두도 못 낸다.

아예 드러내 놓고 '당신네 나라 어느 회사의 냉장고가 아주 좋다던데 좀 싸게 사도록 도와주시오.' 하고 요구하는 하급 관리야 그나마 양반이다. 적당히 비위만 맞추면 급한 일을 처리할 수 있기 때문이다. 골칫거리는 고관들이다. 지체 높고 노련한 그 사람들은 절차대로 이것 가져오라 저것 가져오라 해서 기운을 다 빼놓고는 결국 돈 얘기를 한다. 만일 탈이 날 경우 빠져나갈 틈을 뚫어두려는 계산 끝에 나온 요구다. 돈을 바라지 않는 이들은 용무 마무리할 시점에 이르러 '나한테 훌륭한 조카 하나가 있는데, 당신 회사에서 일하도록 할 수 없겠는가'라고 하면서 취업을 청탁한다. 조카라고 소개한 젊은이는 사실 자신의 피붙이거나 아니면 돈을 받은 대가로 추천하는 사람이다. 이처럼 도둑놈이라는 소리를 들어 마땅한 인도 관리를 상대해야 하는 외국 기업 실무자들의 입장은 참으로 곤혹스럽다.

정치는 또 다른 부패 분야이다. 세계 최대 민주주의 국가인 인도는 종교, 계급, 언어별로 사회집단이 갈라지고 정당이 쪼개져서 약간의 확실한 지지층만 확보해도 정치적 파워가 생긴다. 갈라지고 쪼개질수록 선거 때 적은 돈만 뿌려도 당선 가능성이 커지니, 뭉치면 죽고 흩어져야 정치인들에게 유리한 상황이 전개된다. 문제는 그들의 자질이다. 수년 전 『워싱턴포스트』지는 인도 하원의원 540명 가운데 1/4이 인신매매, 이민법 위반, 횡령, 강간, 살인에 연루된 바 있다고 보도했다. 이런 저질 인사들이 연립정부에 참여해 정권을 잡고 한자리를 차지하면 그동안 쏟아부었던 정치자금을 어떤 식으로든 되찾으려 달려든다. 건설부 장관이 되면 포장도로 두께가 얇아진다. 만일 10cm 두께로 아스팔트 포장을 해야 한다면, 자갈 깔기는 아예 생략한 채 절반 두께의 포장도로를 완성해 근사하게 준공식을 치른다. 이듬해 우기가 닥치고 부실공사 증거들이 하나 둘 드러날 쯤에는 이미 챙길 것을 몽땅 챙긴 다음이어서 손을 쓸래야 쓸 수가 없다.

부패하기로 소문난 랄루 야다브가 아직도 영향력을 행사하고 있는 비하르 주는 인도에서 가장 가난한 고장인데, 그곳에 제공되는 빈민구제용 보조금의 대부분이 샛길로 샜다는 것은 공공연한 비밀이다. 또 인도 곳곳에서는 정치인, 관료, 개발업자, 검사가 한통속이 되어 부동산을 불법으로 취득하고 파헤치고 팔아치우는 일이 자주 일어난다.

군대 사정은 인도 국경시장에 몰래 무기를 내놓고 테러리스트들에게 총과 포탄을 넘기다 발각된 장성들의 애기를 통해 충분히 짐작할 수 있다. 돈이 되는 것이라면 총이든 대포든 내다팔고, 사겠다는 사람이라면 적이건 테러리스트건 가리지 않을 만큼 탐욕스러운 인물들로 득실거리는 집단이 인도 군대이다.

이러한 사회적 현실에 대한 사법부의 대응은 상당히 동조적이다. 수년 전까지만 하더라도 인도 사법부는 신성한 이미지를 잘 유지했다. 미디어조차 법정 관련 사항에 대한 비판을 금기시하면서 가급적 권위를 지켜주고자 애썼다. 그러던 것이 한 방송사 기자가 구자라트 주 아메다바드의 변호사에게 접근해 사업 경쟁자를 겨냥한 법원 체포영장 발부 가능성을 타진하는 바람에 갑자기 허물어지고 말았다. 당시 변호사는 수수료 4만 루피와 판사 몫으로 5,000루피를 챙겨주면 될 일이라 하였고, 기자는 체포영장 발부 대상에 인도 대통령, 대법원장, 변호사협회 전 대표의 이름을 넣었다. 돈을 건네자 놀랍게도 어마어마한 사람들 앞으로 영장이 발부되었다. 그 사건이 터지자 신성한 권위의 상징이던 사법부 비리가 여기저기서 불거져 나왔다. 심지어 판사를 매수해서 영장을 발부받은 후 대상자를 살해하고, 체포과정에서 저항해 어쩔 수 없이 사살했다며 얼버무리는 식의 합법을 가장한 살인도 여럿 밝혀졌다.

인도 힌두교 지도자들을 생각하면 머리부터 지끈거린다. 무엇보다도 한때 나라 전체를 폭풍전야로 몰고 갔던 아요디아 사건은 예부터 정치권력 계층과 공생관계를 이어온 힌두 리더집단의 현실을 적나라하게 보여준다. 정치적 힘에 기대어 타 종교의 사원을 부수고, 그 터를 자신들의 신이 탄생한 곳이라고 억지를 부리는 샤프론 빛깔 사제의 모습은 욕망과 적의에 흠뻑 젖어 있었다. 여기에다 인도 정치자금의 상당 부분이 사원으로부터 나온다는 것은 알 만한 사람이면 다 안다. 신도들의 헌금이 블랙머니의 원천인 셈이다. 힌두 종교지도자들의 도움을 받아 선거에 당선된 정치인은 문화재 보호를 핑계로 나랏돈을 끌어와 사원 증축을 돕고 진입로를 닦아 줘 은혜를 갚는다.

물론 이러한 부패 현상은 남의 일이 아니다. 우리도 썩고 병든 구석이 많다. 그러나 겉보기에 부패인식지수 5.4와 3.1의 차이는 꽤 크다. 청렴한 인도를 꿈꾸는 사람이라면 각 분야에서 불쑥불쑥 만나게 되는 아니꼽고 매스껍고 징그러운 일처리 방식이 개선되기를 한참 더 기다려야 할 듯하다. 화를 내면 지는 것이다. 인도는 곧 '인내의 도를 배우는 곳'이기 때문이다.

살벌한 남아 선호

웬만한 인도 도시의 길거리에는 낙태를 부추기는 광고지가 많이 붙어 있다. 단돈 몇백 루피만 내면 초음파 검사에다 낙태수술까지 해준다는 문구를 힌디와 영어로 적어 넣었다. 인도에서는 이 사업이 잘된단다. 가장 큰 이유는 뭐니뭐니해도 무지막지한 남아 선호 의식이다. 그도 그럴 것이 딸 둘을 둔 어떤 여인은 임신하자마자 성급하게 병원에다 성별 확인을 재촉하더니, 수주 후 딸이라는 의사의 말을 듣고서는 두 번 생각 않고 바로 수술대 위에 누웠다고 한다.

동서양 어디든 딸보다 아들을 바라고 아끼는 현상이 있어 왔지만, 인도는 너무 심하다. 이러한 남아 선호의 배경으로는 대개 결혼 지참금과 예식 비용, 혈통 계승과 장례 진행, 노동력 확보 문제를 꼽는다. 실제로 인도의 힌두식 결혼풍습을 보면 딸을 둔 부모가 얼마나 막중한 부담을 떠안게 되는지 알 수 있다. 결혼 당일에 신랑은 말을 타고, 신부는 가마를 타고, 친척들은 춤추고, 밴드는 음악을 울려대면서 행렬지어 가고, 더러는 어두운 밤길을 밝히도록 아예 발전기를 차에 싣고 뒤따른다. 신부 아버지는 행사 비용을 지불할 뿐만 아니라 풍습에 따라 금은보화를 듬뿍 싸서 딸을 시집 보낸다. 또 결혼 첫날 신랑은 '바라뜨'라 하여 친구들과 함께 신부집으로 가서 떠들썩한 잔치를 벌이는데, 처가 쪽에서 비용을 다 댄다. 하지만 한 살림 짊어지고 시집을 간 인도 여인들의 결혼생활은 산 넘어 산이다. 해마다 평균 2만 5,000명의 여인들이 결혼 지참금을 적게 줬다거나 제때 주지 않았다는 이유로 살해당하고, 사람 구실을 못할 지경에 이르도록 구타당한다. 이는 너무 흔한 일이라서 아예 애깃거리조차 안 된다.

몇 해 전 인도 신문에 실린 기사 한 토막이다. 110년 만에 바라뜨가 열린 마을의 사연을 소개하면서 남아 선호 의식과 결혼 지참금 주고받기 관행이 만들어 낸 인도 사회의 문제점을 보여줬다. 이야기인즉슨 라자스탄의 데브라 마을에는 110년 동안 여자 아이가 없었다. 그 마을의 여자 아이는 태어나자마자 부모들이 베개로 눌러 죽이고, 우유통에 빠트려 죽이고, 아편 먹여 죽여서 하나도 살아남지 못했다. 그런데 천만다행으로 인더 싱이라는 사람의 딸은 태어날 즈음에 어머니가 다른 마을에 머물렀고, 열 살이 되어 집에 돌아왔을 때는 갑자기 부유해진 조부가 그녀를 복덩어리라고 인정한 덕분에 목숨을 부지해 결혼까지 하게 됐다는 것이다.

힌두 풍습에 따르면, 딸에게는 혈통 승계권이 없다. 어느 집안이든 딸은 부친의 화장식에도 참석할 수 없다. 인도 초대 수상 자와하랄 네루의 화장식조차 생전에 그토록 사랑한 딸 인디라 간디 대신 외손자인 라지브 간디 주도하에 거행되었다. 현실이 이러니까 인도 사람들은 "아들이 없으면 누가 내 장례를 치러주나" 걱정하며 사내아이 낳기에 사생결단식으로 집착한다. 일부는 아들을 낳으려고 결혼한 것처럼 생각될 만큼 지나칠 정도다.

　물론 변화의 기미도 있다. 인도 중산층은 서서히 극단적인 시각에서 벗어나는 추세이다. 인도 의사협회는 여아 살해를 돕거나 실행한 회원의 의사 자격을 박탈하기로 결정했다. 이제라도 힌두들이 의식을 바꾸고 제도를 바꾸고 행동을 바꾸려고 움직이는 것은 다행스럽다.

소수의 탐욕과 낙살라이트

복잡하게 얽히고설킨 인도 사회를 이해하기 위한 핵심 키워드는 카스트제도, 종교 갈등, 빈부격차라고 한다. 맞는 말이다. 그런데 이러한 요소들이 한꺼번에 가시화되는 사례가 있으니 인도 마오쩌뚱주의자 집단인 낙살라이트의 게릴라 활동이다.

지난해 인도 차티스가르 주 단테와다에서는 경찰관 수십 명이 괴한들의 무장공격을 받아 살해당했고, 수크마와 단테와다를 잇는 도로에 설치된 지뢰 폭발로 버스 승객이 전원 사망했으며, 웨스트벵갈 주 사르디하 마을 인근에서도 열차 충돌사고가 일어나 수백 명의 사상자를 냈다. 정부와 언론은 게릴라식 살상을 낙살라이트 소행으로 보고 그들을 마오쩌뚱주의자가 아니라 테러리스트라며 비난했다. 소중한 인명과 재산을 해친 폭력집단이 마땅히 들어야 할 반응이요, 딱지였다.

그렇다고 해서 정부나 언론의 시각을 고스란히 받아들여 낙살라이트를 이 세상에 살아 남아서는 안 될 악의 축으로 몰아붙이기에는 뭔가 꺼림칙한 게 있다. 그들을 악랄무쌍하고 무자비한 도적 무리로만 몰아간들 근본적인 문제는 그대로 남아서이다. 여기에 인도 정치 지도자들의 고민이 있다.

먼저 전후맥락을 짚어볼 수 있도록 낙살라이트에 대해 간략히 설명하는 게 좋을 듯하다. 낙살라이트라는 명칭은 1967년 웨스트 벵갈 주 낙살바리 마을에서 발생한 농민반란으로부터 왔다. 당시 마오쩌뚱 계열 공산주의자들은 악덕 지주의 핍박과 착취를 못 이겨 들고일어난 가난뱅이 농민들에게 평등사회 건설을 약속하며 지지를 얻어냈다. 그렇게 약자들 속을 파고든 낙살라이트는 오늘날 1만 5,000명의 적극 가담자와 1만여 명의 동맹군을 거느리고, 인도 삼림의 20%가량을 점령할 정도로 막강해졌다. 이를 보다 못한 인도 정부가 몇 차례 토벌작전을 펼쳤으나, 결정적 타격을 주기는 커녕 오히려 역효과만 냈다. 자르칸드·차티스가르 거점의 마오공산당센터, 비하르·우타르프라데시 동부를 장악한 란비르 세나, 안드라프라데시·서부 오리사에 위치한 인민전쟁동맹으로 나뉘어 각자 활동해 온 세력들이 한데 뭉치도록 만들었던 것이다.

낙살라이트의 주된 활동지역 주민들은 대개 헐벗었다. 이른바 KBK(Kalahandi, Bolangir, Koraput) 벨트로 알려진 이 일대에서는 보통 주민들이 먹는 것, 입는 것, 머무는 곳을 아무리 뜯어봐도 급속한 경제발전의 긍정적 영향을 도무지 찾아볼 수 없다. 오히려 델리를 비롯한 수도권, 젠나이, 하이데라바드, 방갈로르가 개발 열풍에 휩싸인 반면, 촌구석 사람들은 굶주려 죽어 간다. 낙살라이트는 그 틈새를 파고들어 활개를 치는 것이다.

우리에게 『작은 것들의 신』으로 잘 알려진 여류 작가 아룬다티 로이(Arundhati Roy)는 이러한 인도 농촌의 빈곤, 낙살라이트 문제와 직접 맞부딪치고자 그들의 심장부를 찾아 들어간 적이 있다.

인도의 진보성향 주간지 『Outlook India』는 이때 밀림 속에서 로이와 낙살라이트 대원들이 서로 어울리며 대화한 내용을 30쪽짜리 특집으로 꾸몄다. 그녀의 눈에 비친 대원들은 대부분 한창 혈기왕성한 나이에다 이런저런 정신적 상처가 깊었지만, 소총을 잡은 채 독충, 맹수를 걱정해야 할 처지가 아니라면 밀림 생활을 하면서도 얼마든지 행복감을 느낄 사람들이라고 여겨질 만큼 소박하고 순수했다.

그러나 이 특집기사 보도 후 얼마 지나지 않아 낙살라이트를 토벌하러 나선 정부 병력이 역습당하는 대형 불상사가 일어났다. 바로 단테와다에서 경찰관 수십 명이 살해된 그 사건이다. 이로 말미암아 로이의 입장은 난처해졌다. CNN 등 언론매체는 그녀를 불러내 간디의 사상을 추종한다면서 어떻게 무장폭력에 침묵할 수 있는지, 그래도 대량살상을 저지르는 폭력집단을 옹호할 것인지에 대해 물었다. 그러나 아룬다티 로이의 대답은 간단명료했다. 기본적인 분배시스템마저 부재한 인도 사회의 현실, 하루하루 끼니를 때우기 힘겨운 소작인들을 쥐어짜는 소수 지주의 탐욕과 오만이 농민들로 하여금 밀림에 숨어들게 하고, 농기구 대신 총을 들게 했다는 것이다. 말하자면 복지정책이 갖춰지고 가진 사람들이 나누려는 의지가 있어야 낙살라이트 문제가 해결되리라는 주장이었다.

잠시 인도를 방문해 산업화, 도시화, 소비사회화 모습을 목격한 신영복 교수 역시 똑같은 생각을 가졌다. 그는 자신의 글 「간디의 물레소리」에 이렇게 썼다.

하얀 안개꽃 가운데 붉은 장미 한 송이를 꽂으면 안개꽃이 더 아름답게 보이는가 아니면 장미꽃이 더 아름답게 보이는가 하는 질문을 받은 적이 있습니다. (중략) 간디는 인도를 이끌고 가야 하는 것은 몇 개의 근대화된 도시가 아니라 수십만 개의 인도 마을과 민중이라고 생각했던 반면에 네루와 그가 중심이 된 인도국민회의파는 근대화된 도시와 엘리트를 주목하였습니다. (중략) 그리고 간디와 네루의 차이는 두 사람의 개인적 차이라기보다는 인도 사회의 복합성이 두 사람의 인격으로 표출된 것이라고 해야 옳습니다. 내가 당신에게 정작 이야기하고 싶은 것은 사랑의 방법에 관한 것입니다. 아무리 절절한 애정을 그 속에 담고 있다고 하더라도 그것을 표현하는 방법에 따라 대상을 오히려 그르칠 수도 있는 것이 바로 사랑의 역설이기 때문입니다. 가장 정직한 사랑의 방법은 함께 걸어가는 것입니다. (중략) 그러나 도시가 농촌을 이끌고 가는 20세기의 근대화 방식은 도처에서 실패의 흔적을 남기고 있을 뿐 아니라 그

행복한 표정을 짓고 있는 시골마을의 부부

것은 인도인, 특히 인도의 농촌과 함께 가는 길은 아니라고 생각합니다.

최근 인도 정부가 낙살라이트 소탕을 소리 높여 외치고 있으나, 엄청난 희생을 감수하지 않고서는 어려울 듯하다. 이미 정부 실력 행사의 한계를 눈치챈 기업인들은 낙살라이트 지도자들에게 자진 납세함으로써 비즈니스 활동의 안전을 보장받으려 한다니 아이러니한 일이 아닐 수 없다.

안나 하자레의 투쟁

지난해부터 인도 신문의 첫머리를 단골로 장식해 온 인물이 있으니 일흔 살을 훌쩍 넘긴 안나 하자레라는 노인이다. 평범한 시민인 그가 근래 정치권을 뒤흔들 정도로 급부상하게 된 것은 부패를 이슈화하면서 인도인들의 최고 관심사인 밥그릇 문제를 건드렸기 때문이라고 한다. 종교분쟁에야 못 미치지만 사회 전체가 들썩거릴 수밖에 없는 심각한 충격을 줬다는 평가다.

제이피 그린 골프장의 캐디만 하더라도 벙커 쪽으로 날아간 공을 찾으러 함께 걸어가면서 안나 하자레 애기에 열을 올렸다. 인도 정치가들이 스위스 은행 비밀계좌에 몰래 숨겼다는 돈을 자신의 것이라 여기는 듯 분노하고, 그 돈을 다시 찾아오면 주말에 캐디 노릇하러 나오지 않고 공부만 해도 될 거라 했다. 그야말로 썩어빠진 권력자들의 탐욕에 대한 젊은이의 분노였다.

안나 하자레가 외친 부패 타도 대열에 참여한 사람들은 대부분 1990년대 들어 시작된 인도 경제개발 과정에서 자라난 중산층이다. 어느덧 돈맛을 알고 이를 더 벌고자 열심히 일하다가 부패 권력을 마주한 바 있는 중산층으로서는 안나 하자레의 주장과 행동에 공감하지 않을 수 없었다. 그러다 보니 타인의 밥그릇을 지켜주기 위해 모든 것을 던져 부패 세력과 맞싸우는 노인이 눈물겹도록 고마워서 저마다 거리로 뛰쳐나왔다.

발단은 이랬다. 얼마 전 마무리된 우리나라 이동통신사들의 주파수 전쟁과 유사한 싸움이 수년 전에 인도에도 있었다. 그런데 인도는 주파수를 배정하면서 우리의 동시오름 입찰 방식과 달리 밀봉 입찰 방식을 택했다. 동시오름 방식은 여러 라운드까지 가면서 한 번 배팅할 때마다 수억 원을 투입해야 한다. 그런 탓에 입찰에서 승리한 기업이 주파수를 차지하고서도 이윤을 창출하지 못해 도산하거나 부담을 가입자들에게 전가하려 드는 부작용이 생기기도 한다. 하지만 비교적 투명한 입찰 방식이다. 이에 비해 밀봉 방식의 경우 얼마든지 뒷거래가 가능해서 부패 가능성이 높다. 실제로 남인도 타밀나두 권력자의 딸이자 전직 통신장관인 안티무투라자가 입찰에 개입해 감옥에 갔다. 장관 재직 당시 거액의 뇌물을 받고 자격도 안 되는 85개 업체에 사업허가를 내준 것이다. 청렴하기로 소문난 만모한 싱 총리는 일 년 넘게 이 문제를 덮어뒀다가 시끄러워진 다음에야 통신장관 혼자서 한 짓이라고 발표했다. 이러한 와중에 은인자중하던 무림고수가 공력을 드러내면서 분연히 나타났으니, 그가 바로 안나 하자레다.

일단 안나 하자레의 반부패 투쟁 결심은 순수한 우국충정에서 비롯된 것으로 보인다. 걸어온 삶의 궤적이 그걸 말해 준다. 그의 본명은 키산(농부) 하자레이고, 서인도 마하라슈트라 출생이다. 가난한 집안의 일곱 형제 중 장남으로 태어났다. 우리처럼 인도 역시 맏아들의 위치는 특별하다. 아버지가 가장 역할을 하지 못하면, 장남이 가족의 생계를 책임져야 한다.

그의 삶은 나름대로 치열했다. 뭄바이 시내에서 꽃을 팔고, 군 생활 중에는 파키스탄 인접 국경지역 부대의 운전병으로 근무하면서 생사를 넘나드는 경험을 했다. 이때 사는 것과 죽는 것이 백지 한 장 차이임을 절실히 느끼고는 무언가 보람된 일을 하리라 다짐하게 된다. 특히 뉴델리 철도역 매점에 꽂혀 있던 인도 힌두교 지도자 비베카난다의 조그만 저작물을 읽고 '공익을 위해 헌신하는 것이야말로 가장 숭고한 삶'이라는 사실을 깨달은 후 그런 생각을 굳혔다. 낮의 해처럼 밤의 달처럼 욕심 없이 세상을 비추면서 자기 몸을 불사르고 싶은 열망이 불타오르기 시작했다. 이는 점차 반드시 실천에 옮겨야 할 소명으로 자리잡았다. 드디어 1978년 무렵 10여 년 동안의 군 생활을 접고 고향 마하라슈트라로 돌아온 안나 하자레는 인도판 새마을운동에 뛰어들었으며, 정부는 그의 노력을 인정해 큰 상까지 줬다.

마하라슈트라에서 사회운동을 하던 안나 하자레가 델리에 입성한 시기는 지난해 4월이었다. 그는 2세대 주파수 입찰 과정에 저질러진 부정 조사와 부패 공무원 처벌 근거가 될 '로크팔'(옴부즈맨의 힌디) 법 제정에 민간인을 참여시키도록 요구하는 활동을 시작했다. 결국 그는 목숨을 건 단식에 들어갔다. 간디의 비폭력 저항을 차용한 안나 하자레의 투쟁은 엄청난 국민적 지지를 이끌어냈고, 도시마다 부패방지법 제정을 외치는 시위가 잇달아 일어났다.

70대 노인이 2차 단식을 시작하자 정부는 그의 요구를 수용해 법안을 마련하겠다고 약속했다. 안나 하자레는 '8월 15일까지 가시적 성과를 내놓아야 한다'는 한 가지 조건을 내걸고 단식을 멈췄다. 그런데 모든 게 느려터진 인도에서 부패 척결에만 신속한 대응이 이루어질 리 없다. 8월 16일 다시 단식 시위가 벌어지고, 한참 몸이 축난 상태에 이르러서야 마침내 의회가 법 제정을 공식화하면서 싸움이 끝나게 되었다.

더러는 이 모든 소동을 못마땅해 하기도 했다. 안나 하자레의 단식투쟁이 간디를 모방한 정치 쇼에 지나지 않는다 하여 거부감을 보이며, 2002년 인도 무슬림 수천 명을 죽음으로 몰아간 구자라트 힌두 폭동의 후원자였던 나렌드라 모디를 그가 지지한다는 구실로 순수성을 의심하려 들었다. 무엇보다 이런 한 번의 도전으로는 인도 사회 구석구석에 만연한 부패가 고스란히 잔존할 것이라는 이유로 냉소적인 태도를 보이기도 했다. 상류층은 또 그들대로 부패 문제를 들쑤시다가 경제에 악영향을 미칠 수 있다는 식으로 분위기를 몰아갔다.

그럼에도 불구하고 안나 하자레가 반부패 단식투쟁을 하는 동안 나타난 사회적 반응은 간디의 비폭력, 아힘사 정신이 대중들 내면에 그대로 살아 있음을 보여주었다. 가진 것이라고는 조그만 오두막과 몇 푼의 은행잔고뿐인 칠순 노인이 용기를 발휘할 때 서민들은 그의 진정 어린 외침을 받아들여 거리로 몰려나왔고 질서정연하게 캠페인에 참가하였다. 이러한 모습은 세계인들로 하여금 빈번히 터지는 폭탄테러, 종교 분쟁과 극심한 빈부 격차, 관료 부패에 가려 감춰졌던 인도인의 에너지를 재확인할 수 있게 하는 계기가 되었다.

인간의 존엄성과 불가촉천민

세상이 첨단의 극단을 달려가고 인간을 속박했던 온갖 전통적 족쇄가 사라진 지 오래지만, 아직도 몇몇 곳은 신분제도를 내세워 사회 구성원에게 가혹한 속박을 가하고 있다. 바로 인도가 그렇다. 특히 최하층 카스트인 수드라보다도 더 밑바닥에 속한 인도의 불가촉천민들은 흡사 짐승과도 같은 취급을 받으면서 가장 천하고 불결하고 지저분해 보이는 일을 도맡아 한다. 지금도 농촌에서는 상층 신분 사람들이 접촉을 꺼려 천민들끼리 우물을 따로 쓰고, 도시 생활을 할 경우에도 그들끼리 한데 모여 산다.

이는 양반 상놈을 따지고 재인, 백정을 함부로 대하던 과거 우리의 모습과 별반 다를 게 없다. 다만 인도의 상놈 놀음은 매우 오랜 역사와 생명력을 지녔다. 예를 들어, 인도 베다는 두 족속으로 나누어졌다. 침입자 아리안과 이에 대항한 비아리안이다. 두부(頭部) 지수, 피부색, 입술, 코뼈 모양 등 신체 특징을 구별 요소로 삼기도 했는데, 그중에서는 피부 색깔이 가장 확실한 기준이었다. 리그베다는 스물두 차례에 걸쳐 어두운 피부색을 가진 이를 하층신분, 아리안족처럼 밝고 흰색 피부를 가진 사람을 상층민이라 언급하였다.

그후 세월이 흘러 인도 사회에는 혼혈계통의 수드라가 나타났
다. 수드라는 일부나마 아리안의 피를 지닌 게 고려돼 공동체의 마
지막 신분이 되었으나, 이도 많은 우여곡절을 겪을 수밖에 없었다.
수백 년간 가촉과 불가촉의 경계선에 머물렀고, 비아리안 공동체
에서 지냈다. 그러다가 상황이 점차 나아지면서 네 번째 카스트의
위치를 굳힌 것이다.

순수 혈통을 고집한 아리안들은 이러한 변화를 흔쾌히 수용하지
않았다. 결국 적절한 타협에 따라 구분이 하나 더 더해져 아리안
양친에게서 태어난 순수 혈통 소유자를 '드위지'라 부르고, 부모
중 한쪽만 아리안인 수드라의 경우 '아드위지'(드위지가 아니라는
뜻)라 했다. 이 과정에 수드라 출신의 부모를 둔 순수 아나르야(양
친이 수드라)는 아리안계로부터 완전히 떨어져 나와서 절대 접촉하
지 말아야 할 카스트 밖 존재인 아스프라샤, 아바르나, 아바르나
바야로 전락했다. 이것이 인도 불가촉천민, 즉 달리트의 출현 배경
이다.

불가촉천민은 네 개의 카스트 거주지와 격리된 채 하리잔 집단
공동체를 만들기 시작했다. 이와 더불어 자즈마니, 파디알, 아디
얄, 꼬다아디말 등 새로운 형태의 노동제도가 성행한다. 베다는 일
정기간 동안 지주에게 봉사한 후 대가를 받는 계약지불방식을 자
즈마니라고 묘사하였다. 하리잔 집단과 자즈마니의 결합이 이루어
졌을 때 아리안은 세습지주, 비아리안은 세습노예의 역할을 맡았
다. 그러나 자즈마니는 시간 경과에 따라 완전히 일방적인 계약으
로 변질되고 말아서, 주인이 노예에게 단지 소량의 수당을 지불하
고 심할 때는 아무것도 주지 않았다. 이러한 계약은 불가촉천민 노

예와 그의 아내, 자녀와 후손의 생명까지 구속하는 것이었다.

브라만의 위대한 법전 '마누'는 가르치기를, "천민 노예의 주거지는 마을 밖이어야 한다. 그들은 깨어진 접시에 음식을 담고, 불결한 음식을 먹고, 죽은 자의 옷을 입고, 검은 쇠를 장식품으로 쓰고, 개와 노새를 재산으로 삼을 수 있다"고 했다. 그래서 불과 백년 전만 하더라도 마하라슈트라 주 뿌네 지방의 최하층 신분 사람

일생 동안 세탁 일에 종사하는 사람들의 집단 거주지

들은 오후 3시~오전 9시 사이에 성문 안으로 못 들어갔다. 그 시
간이면 천민의 신체 그림자가 길게 드리워지기 때문에 그들의 그
림자가 브라만 등 상층 신분 사람들에게 닿아 오염시키지 않을까
염려해 취해진 조치였다. 인도 헌법 초안자 암베드카르는 한 세기
전 마하라슈트라에서 벌어졌던 끔찍한 실상에 관해 다음과 같이
쓰고 있다. "불가촉천민은 거리에 침을 뱉을 수 없었는데, 이는 지
나가던 순수 카스트 힌두들이 그것을 밟기만 해도 오염된다고 여
긴 탓이다. 그들은 목에 흙으로 구운 오지그릇을 매달고 거기다 침
을 뱉었다. 또 가시덩굴을 끌고 다니면서 자신의 발자국을 지우고,
브라만이 지나갈 때 멀찌감치 물러서서 거리를 뒀다." 순수성 유지
를 위해 오염을 피해야 한다는 브라만의 망상은 불가촉성 시행의

인형극을 공연하는 집시

주된 이유였다.

아울러 앞서 살펴본 것처럼 동족결혼 역시 아리안, 브라만의 순수성을 보존하기 위한 수단이었다. 브라만은 동일 신분의 상대와 결혼했으며, 크샤트리아, 바이샤, 수드라 등 하위 카스트 여인과 성관계를 맺어 태어날 경우 브라만 여인 몸에서 출생한 자손에게 부여되는 자격을 주지 않았다. 아리안의 지배, 카스트제도, 브라만 종교를 거부하거나 저항하는 자는 불가촉천민으로 낙인찍어 쫓아냈다. 예를 들어, 초기 아리안 침입에 항거한 Dasas와 Nagas는 열등종족이라 해서 천시되었다. 본래 Dasas는 브라만 언어인 산스크리트어로 '아리안의 적대자'라는 뜻이었지만, 나중에 아리안이 인도를 정복하고 나서는 '노예'라는 의미로 쓰였다.

오늘날에도 인도에는 불가촉천민 공동체가 많다. 최근 달리트 출신 대통령이 등장한 것을 보면서 어느덧 전통적인 신분제가 말끔히 사라졌으리라 짐작할 수 있겠는데, 지나친 추측이다. 아직도 변화 속도는 느리고, 가난, 무지, 열등감에 찌든 밑바닥 천민들의 고달픈 삶은 천천히 바뀌어가는 중이다. 일찍이 교육, 연대, 실천을 통해 이들의 인간적 존엄성을 되찾아 주고자 했던 암베드카르 박사의 소망은 아직 미완성인 셈이다.

인도의 무자헤딘

조용할 만하면 터진다. 지난해 7월 인도의 경제수도 뭄바이에서 또다시 연쇄 폭탄테러 사건이 발생했다. 하루 일과를 끝내고 바삐 오가던 시민들이 목숨을 잃었다. 그리고는 채 한 달도 지나지 않아 모든 것은 일상으로 되돌아갔고, 테러의 공포는 자연스럽게 잊혀졌다.

폭탄테러가 일어나면 대부분의 인도 사람들은 이웃에 사는 무슬림을 쳐다본다. 그 눈길이 싫어서 무슬림은 무슬림대로 함께 모여 산다. 인도 무슬림 중에서도 젊은이들이 호전성을 띠고 테러리즘에 빠지게 된 데는 대략 세 차례의 계기가 있었다. 첫째는 1992년 힌두원리주의 단체인 전국자원봉사단(Rashtriya Swayamsevak Sangh, RSS) 핵심 멤버와 사제들이 주동해 우타르프라데시 아요디아에 위치한 바브리 마스지드(무굴제국 최초의 황제인 바부르의 이슬람 사원이라는 뜻)를 파괴한 사건을 꼽는다. 이 지역 문제는 아직까지 법원에 계류된 채 정치·종교적 분쟁의 불씨로 남아 있다. 둘째는 뭄바이 폭탄테러 사건 이후 노골화한 경찰의 무슬림 탄압이다. 당시 인도 경찰은 테러를 이슬람 신자들 짓으로 단정해 눈에 띄는 무슬림을 무자비하게 대했다. 셋째는 2002년 구자라트 고드라역 구내에서 발생한 객차 화재사고로 58명의 힌두 성지순례자들이 숨진 것을 무슬림 소행이라고 주장하면서 힌두 강경파가 들고 일어나 저지른 보복학살이다. 분노한 힌두들이 무슬림을 무차별 공격하는 비이성적인 사태에 약 800명의 무슬림과 250여 명의 힌두가 죽었고, 양측에서 200여 명이 행방불명되었다.

이런 사건을 겪으면서 과격화한 무슬림단체로는 전국적 조직을 가진 인도이슬람학생운동(Students Islamic Movement of India, SIMI)과 타밀나두, 케랄라 등 남인도에 근거를 둔 알 움마(Al Umma)가 대표적이다. 두 단체는 원거리 조종 가능한 급조 폭발물인 IED(Improvised Explosive Devices)를 사용해 테러활동을 벌였

나들이 나선 무슬림 여인들

다. 혼잡한 재래시장의 쓰레기통이 터지고, 복잡한 도로에 멈춰 선 자동차가 갑자기 굉음을 내며 하늘로 치솟고, 먼 거리를 달려가던 열차가 쾅 소리와 함께 전복된 것은 인도이슬람학생운동 멤버들의 IED 조작 때문이었다. 또 1993년부터 타밀나두 일대에 다수의 공격이 있었는데, 그 가운데 가장 끔찍했던 도발은 1998년 2월 힌두 보수집단 이익을 대변하는 인도인민당 아드바니 총재의 방문 중에 일어난 코임바토르 유혈 폭탄테러였다. 아무 죄 없는 일반 무슬림에게 가해질 폭력을 우려한 알 움마와 인도이슬람학생운동은 자신들의 개입 여부를 밝히지 않았다. 한편 알 움마는 파키스탄 등 외부세력 사주 없이 무슬림의 분노가 결집된 순수 토착조직이다. 알 움마 멤버들은 화강암 채석장에서 훔친 잡동사니 소품을 끌어모아 IED를 만들었다. 이들의 본거지는 타밀나두에 있었는데, 이들로 인해 곤란한 처지에 빠진 타밀나두 주 정부는 당근과 채찍을 적절히 섞어 대응했다. 먼저 경찰을 동원해 테러 가담자 전원을 잡아들여 구속시켰다. 그리고는 무슬림 공동체의 오랜 불만사항에 관심을 기울이는가 하면, 과도한 물리력 행사가 없을 것이라는 점을 분명히 알렸다. 이런 강온양면전략이 효과를 발휘해서인지 차별대우에 대한 불만으로 악화일로를 치닫던 테러행위는 점차 줄어들었다. 바브리 마스지드 사원 파괴에 따른 힌두 적대감이 누그러진 것도 긍정적인 작용을 했다. 무슬림 공동체가 바브리 마스지드 사건에 얽힌 감정을 추슬러 갈 즈음 또 다른 갈등이 불거졌다. 구자라트 사태로 무슬림이 대학살 당할 때 인도인민당 치하의 주 정부가 힌두원리주의자들을 부추겼다는 의심을 샀으며, 고드라역 열차 화재가 무슬림 폭도들의 방화로 일어난 게 아니라 단순 사고라는 조사원위원회 보고서 내용에도 불구하고 정부의 후속조치와 적절한 유감 표명이 뒤따르지 않아서 생겨난 반작용이었다. 무슬림 공동체의 지식인과 청년들은 자신들에게 적대적인 권력에 강력히 반발했고, 이는 인도이슬람학생운동 멤버 등을 중심으로 한 인도무자헤딘(Indian Mujahideen, IM) 탄생의 빌미가 되었다. 인도무자헤딘은 조직의 존재를 알리기 위해 2006년 7월 뭄바이 열차 폭파계획을 세웠고, 그 이후 잇단 테러에 적극적으로 나섰다. 지금도 인도무자헤딘 집단은 파키스탄 지하드나 정보부 연관설을 강력히 부인하면서 오로지 공권력의 과잉대응과 무슬림 공동체에 대한 권리 침해행위를 바로잡고자 테러를 실행한다는 주장을 펼친다. 하지만 이런 대외적 명분에 대해 인도 정부가 내린 평가는 다르다. 인도무

무슬림 소녀들

자혜딘뿐만 아니라 인도이슬람학생운동까지 파키스탄 소재의 테러단체나 정보기관으로부터 은밀히 훈련 지원을 받아 왔다는 것이다. 여러 가지 정황상 파키스탄 정보부와 지하드 조직이 인도무자혜딘 활동에 직간접적으로 얽혀 있다는 사실은 공공연한 비밀인 듯하다. 인도 무슬림 청년들을 한데 모아 훈련시키고 그들의 끓어오르는 분노에 불을 붙여 테러 동기를 부여하는 파키스탄식 전략이 의심의 대상이다.

내부문제에 어두운 이방인으로서는 타밀나두 주 정부가 알 움마를 대하던 접근방법이 바람직한 해결책이라는 생각을 하게 된다. 모든 무슬림 공동체를 테러리스트 집단으로 낙인 찍어 젊은이들의 가슴에 괜한 원망을 심은들 파키스탄 꼭두각시만 잔뜩 양산할 따름이다. 이미 인도 무슬림 청년층이 엇나갈 경우 어떤 무시무시한 결과가 초래될지는 지난 십수 년간 뼈저리게 경험해 온 바 있다. 무슬림 공동체의 타당한 불만을 가려내고 해결과정에서 세심한 주의를 기울이는 노력도 중요하다. 대개 경찰관이 힌두에게 '야 이놈아!'라고 한마디 던지면 친밀함의 표시로 여겨질지 모르나, 무슬림에게는 모욕이요, 분노와 테러로 이어질지도 모른다. 물론 인명과 재산을 해친 테러범은 범죄에 상응한 벌을 줘서 응징해야 한다.

아직 지난해 일어난 뭄바이 폭탄테러의 범인은 밝혀지지 않았다. 그런데도 경찰 쪽에서는 '인도무자혜딘 짓이 틀림없다. 인도이슬람학생운동이 저질렀다. 파키스탄 개입증거를 찾는 중이다'라고 떠든다. 대중매체는 추측성 기사를 남발해댄다. 다른 한쪽에서는 무슬림 청년들이 이러한 움직임을 조용히 지켜보고 있다. 인도에 진정한 평화가 자리잡기에는 더 오랜 시간이 필요할 것 같다.

택시는 정시에 오지 않는다

코리안 타임이라는 말이 유행하던 때가 있었다. 약속시간에 늦기 일쑤인 한국 사람의 나쁜 습관을 나무라는 뜻에서 외국인들이 쓰기 시작했는지, 잘못된 버릇을 부드럽게 변명하고자 한국인들이 먼저 사용했는지 모르겠지만, 국제적으로 용어의 인지도가 상당히 높았다. 관공서에 가면 이 핑계 저 핑계 대면서 일처리를 미루고, 기업 간 거래에서는 정해진 날짜 며칠 어기는 것쯤은 예사로 알고, 사적인 관계의 경우에도 시간 관념이 불명확했다. 불과 얼마 전까지도 그랬다. 요즘은 관공서든 기업이든 개인이든 확 달라져서 그 말을 듣기 어렵다.

그런데 고약하다 싶을 만큼 시간 운영을 느슨하게 하는 이들이 있으니 인도 사람들이다. 물론 중국이나 이웃 여러 나라를 다녀보면 과거의 코리안 타임보다 몇 배 더한 행태를 경험하게 되므로 인도인들만 거론하기에는 지나친 감이 있다. 이러한 실정을 알면서 굳이 인도 애기를 하려는 것은 독특함 때문이다.

인도 사람들의 시간관은 대단히 형이상학적이라고 한다. 오랜 세월에 걸쳐 다양한 철학과 종교가 생겨나 번성하고 더러는 사라진 곳이어서 영겁, 무한의 엄청난 스케일을 일상 가까이하는 반면, 한두 시간, 수십 분은 의미를 쉬이 본다는 것이다. 예를 들어, 힌디어는 어제와 내일을 깔(कल)이라 하여 통일해 나타내면서 구분이 필요할 때만 따진다. 예스터데이 깔, 투머로우 깔 하는 식이다. 소위 과학적, 합리적, 효율적 삶에 익숙한 여행자들로서는 상당 부분 전통 의식으로부터 자유롭지 못한 생활방식을 고수 중인 인도인과 그들의 시간 인식을 연관짓는 게 설득력 있어 보인다.

어쨌든 그렇다 하더라도 빈번한 실제 상황에 여행자는 당황스럽다. 증명서를 발급받으러 관공서에 가거나 기차표를 예약하러 역에 갈 때마다 보통 몇 시간 동안 차례를 기다려야 하는데, 창구 담당자는 고객의 시간을 무감각하게 쓴다. 업무를 보다가 짜이 마신다고 잠시 일손 놓거나, 점심시간이라고 고객들을 그냥 둔 채 아예 모두 자리를 뜬다. 이쯤 되면 기다리는 고객들 사이에 불만 섞인 푸념이 나올 듯하지만, 신기하게도 짜증스런 표정이 아니다. 어디를 간들 똑같이 그러하니 알아서 수용한다는 태도이다.

택시회사의 불합리한 시간 관리는 참 이해하기 힘들다. 민간 부문이 어떻게 이럴 수 있을까 싶을 정도로 막무가내인 곳을 종종 만난다. 중요한 약속이 있어 언제까지 와달라고 택시를 예약한 후 시간 맞춰 나가 보면 반시간이나 지나서야 온다. 기사는 약속시간에 늦을지 몰라 긴장한 승객에게 미안하다는 사과 한마디 없이 태연하다. 심지어 오토릭샤 운전자는 주행하다가 중간에 화장실 찾고 물 마시러 다녀와서도 한참 기다린 여행자를 한번 힐끗 쳐다보기만 한다. 그뿐이다.

어느 사회를 막론하고 일정 부분은 내부 구성원끼리 자연스럽게 공유된다 하더라도 외부인들의 눈에는 의아스러운 것이 있다. 인도는 너무 다층적이고 복합적인 사회라서 그런 사례가 숱하다. 그중에는 대대손손 지켜가야 할 문화적 가치를 지닌 전통이 있는가 하면, 시간에 대한 인식처럼 보편적인 방향으로 바꿔가야 할 관행도 많다. 이는 인도인 자신들에 의해 일상생활에서 부단히 재생산되는 것이다. 포스코의 인도 제철소 건설 과정은 이를 잘 말해 준다.

포스코 인도법인 사람들은 지난 수년 간 속이 까맣게 탔다. 우리 식 시간 관념, 속도 관념대로 인도 제철소 건설 프로젝트를 밀어붙였으나, 인도는 움직이지 않았다. 2010년까지 400만 톤 규모의 제철소를 1차로 준공할 계획이었지만, 공장 부지도, 용광로에 집어넣을 철광석 광권도 확보하지 못했다. 분명히 오리사 주 해안가 파라딥에 최종적으로 1,200만 톤 크기의 제철소를 짓기로 인도 정부와 포스코가 2005년 6월 양해각서를 체결했음에도 불구하고 낭패스러운 일이 벌어진 것이다. 이러한 경험을 한 후 포스코 측은 생각을 바꿨다. 의욕이 너무 과해서 인도의 기본 환경을 간과했는데, 앞으로는 프로젝트 스케줄을 정하지 않는 식으로 시간에 융통성을 가진다고 한다. 포스코가 어제와 내일을 제대로 구별하게 되었다.

그렇더라도 산업화, 도시화, 개방화, 국제화와 더불어 인도 사회가 광범위한 변화의 기회를 맞았으니, 조만간 언제 어디서든 정시에 오는 택시 타기가 용이해지기를 바라는 마음은 간절하다.

혼자 걷기 힘든 땅

세상이 아무리 달라졌다 해도 여성 혼자서 자식 키우고 살림 꾸려가기에 만만한 곳은 참 드물다. 좀더 생각이 깨인 사람들끼리 모여 산다는 미국, 유럽이든 옛날보다 몰라보게 달라졌다는 우리 사회든 일단 결혼했다가 다시 원점으로 되돌아온 여성은 여러 가지 장애를 만난다. 돈 있고 든든한 직업 있으면 모를까, 기댈 게 변변치 않을 경우 경제적 어려움과 정신적 고통을 떠안아야 한다.

아직 곳곳에서 보수적 공동체 향기를 간직한 인도는 여성들에게 도전의 땅이다. 여성이 투표에 참여할 수 있고, 재산을 소유할 수 있고, 전문직에 진출할 수 있도록 엄연히 제도적 장치를 잘 갖춘 나라가 인도이지만, 다른 한편에서는 남편과 이혼한 여성, 사별한 여성, 시댁으로부터 쫓겨난 중산층 이하 출신 여성들은 생활하기에 이만저만 불편한 게 아니다. 상류층을 친정으로 둔 여성이야 관습에 관계없이 이혼하거나 사별해서 혼자 남을 때 부모형제의 도움을 받고, 재혼하면 그만이지만, 그렇지 못한 여성에 대해서는 주변의 냉대와 차별이 보통 아닐 뿐더러 부모형제까지 그런 딸, 그런 누이를 버리려고 든다. 이혼은 이웃과 지인들을 불쾌하게 만드는 일이며, 일부 넉넉지 못한 가족들로서는 결혼할 때 챙겨 보냈던 지 참금을 헛되이 날린 셈이어서 괘씸한 행위로 여긴다. 럭샤반단 행 사 때마다 결혼한 여성들이 친정 오빠, 남동생의 손목에 끈을 묶어 주면서 신께 안녕을 빌고, 친정 피붙이가 자신을 지켜주도록 기원 드렸건만 허사다. 그리다 보니 인도 여성들은 이혼하기 어렵고, 재 혼이 드물다. 사별한 여성도 혼자 사는 이가 많다.

심각한 상황은 그럼에도 불구하고 이혼했을 때, 사별했을 때 생 긴다. 혼자 남겨진 여성이 오갈 데가 없다. 자녀가 있을 경우에는 진짜 먹고 살기 막막해진다. 인도 여성들에게는 음식점 등 서비스 업종 취업도 제한되었는데 근래에야 풀렸다. 막다른 골목에 몰린 사람들이 이리저리 발버둥치면서 새로운 삶을 모색하는데, 개중에

다정하게 데이트 중인 커플

는 막장까지 가는 이들이 있다. 델리 슬럼가 허름한 골목 일대에서 홀로 자녀를 키우는 여성들이 지방에서 올라온 택시 기사, 릭샤 운전사를 상대로 창녀 노릇을 하면서 하루하루 연명하게 된 이유도 대부분 이혼과 사별에 따른 생활고이다.

어떤 여성들은 초월적인 힘에 기댄다. 힌두교 성지 바라나시에 위치한 수도자 거주지 아쉬람 중 몇몇이 일종의 과부촌을 형성하게 된 배경이다. 남편이 병사한 사람, 행방불명된 사람, 남편과 이혼한 사람, 잘 살다가 그냥 쫓겨난 사람 등 여성 수천 명은 가족과 사회로부터 추방되다시피 하여, 마지막으로 신에게 의지하고자 바라나시를 찾았다. 출신지별로는 가장 가난한 고장인 비하르 사람들이 많은데, 모두 힌두교 사원 숙소에 기거하면서 숙식을 해결한다.

너무나 비참한 바라나시 사원의 과부촌 실상을 보고 나서 인도 여성 루미는 가까운 한국인들을 붙잡고 분노했다. 어떻게 오늘날 이토록 참담한 일이 일어날 수 있는지 이해할 수 없다는 것이었다. 그녀는 울분을 못 견뎌 한국계 웹진에 직접 글도 썼다. 스스로 진단한 원인은 인도 내부의 사회적 무지이고, 해결책으로는 여성 교육과 이를 통한 직업 활동을 들었다. 그렇지 않고는 아무리 의욕이 강하더라도 무소의 뿔처럼 혼자서 험난한 길을 걸어가기 힘들다는 것이다. 우리 사회 여성들이 어제까지 겪었던 고통을 오늘 인도에서 목격한다.

홀리 축제의 위기

북인도는 해마다 3월 초·중순이면 온통 시끌벅적하다. 봄 기운이 깊어 갈 즈음에 남녀노소 모두 어울려 한바탕 색깔잔치를 열기 때문이다. 따뜻한 계절 입새에 형형색색의 물감을 뿌리고 바르면서 난리법석 피우는 것으로 널리 알려진 이 '홀리(Holi)'는 겨울 초입에 펼쳐지는 '디왈리'와 더불어 인도의 대표 축제다.

홀리 축제날 저녁에는 마을 사람들이 동네 공터 곳곳에 모여 모닥불을 피운다. 아직 격식을 못 벗어난 시골에서는 브라만이 소똥으로 모닥불에 불을 붙이고, 웬만한 도시에서는 지푸라기를 쓴다. 여인들은 활활 타오르는 불 속에 튀긴 곡식과 당과를 던져 넣으며 신에게 가속의 안녕을 빈다. 이때 타고 남은 재는 가족을 재앙으로부터 지켜준다는 '띨락'(이마에 찍는 인도식 부적)의 재료가 된다. 옛날 아낙들은 고운 재를 모아서 집 안에 잘 모셔 뒀다가 먼 길 떠나는 지아비와 자녀의 이마에다 정성스럽게 찍어 줬다.

이튿날 해가 달아오를 시각이면 마을 사람들은 자그만 홀리 파티를 한다. 도시의 경우 동네 주민조직 회장단이 앞장서 '홀리헤~'를 외치며 이웃사람 얼굴에 색가루(Gulal)를 발라 주고 껴안고 당

과를 나눈다. 여기서는 한집에 살면서 매일 아웅다웅 다투던 아래
층 시크족 아저씨와 위층 힌두 브라만 아저씨까지 밝게 웃는다. 비
록 속이 쓰리더라도 홀리 축제일에 얼굴을 활짝 펴지 않으면 일 년
내내 아그니신의 불 같은 저주를 받아야 하는 게 두려워서다. 그러
다 보니 내일 다시 원수가 될지언정 오늘만은 공동체 존립을 위해
사사로운 감정을 접어둔 채 '해피 홀리'에 동참해야 한다. 물론 그
렇다고 해서 사람들이 자기 이익을 물리친 채 한 덩어리로 뭉치는
것은 아니지만, 홀리 축제는 최악의 상황을 피하기에 적합한 안전
장치이다.

　홀리 축제 참가자들은 누가 누군지 모를 정도로 얼굴을 진하게
색칠해 마치 탈이나 가면을 쓴 듯하다. 옛날 인도 브라만을 비롯한
지배계층은 한 해에 단 한 번만이라도 이런 익명성을 허용함으로

디왈리 축제에 밝힌 작은 등불

써 아래 사람들의 꽉 막힌 숨통을 틔워주고자 했다. 평소 엄격한 카스트제도하에서는 천민의 침과 그림자가 부정하다 하여 목에 흙 그릇을 매달아 침 뱉게 하고 그림자 길게 드리우는 시간에 마음대 로 돌아다니지 못하도록 막았는데, 홀리 축제날에는 천민들이 귀 한 사람 얼굴에 색칠을 하느라 살갗이 닿아도 참아야 했다. 심지어 주인들은 천하고 부정한 사람을 안아 주기까지 했다. 한평생 굽실 댈 줄만 알 뿐 짐승이나 다름없는 하층민이 축제기간에 어르신, 마 님, 도련님을 가까이서 모신다고 무엇 하나 달라질 리 만무하지만, 천민들은 잠시나마 인간 대접을 받는 것에 몸 둘 바를 몰라 하면서 주인이 섬기는 신과 자신의 신께 극진히 감사드렸다.

그래도 요새 홀리 축제는 여러 면에서 많이 변형됐다. 겉으로야

홀리 축제용 물감 분사기구를 파는 노점상

예전의 흥겨운 분위기가 살아 있는 것처럼 보이는데, 속은 썩 다르다. 특히 어떻게 해서든 힌두를 결속시켜서 권력을 잡으려는 극우 정당의 분열책 탓에 인도 국민 대다수가 거주하는 농촌지역이 종교, 민족, 신분 간 조화와 화합의 전통정신을 잃었다. 새해를 맞아 지난해의 앙금을 훌훌 털어버리고, 만물이 초록빛 새 옷으로 갈아입을 때 얼굴에 색칠하며 새로운 마음가짐, 새로운 관계로 시작하자던 홀리의 근본 취지는 흔들거린다. 분열의 정치가 화합의 축제를 망치는 꼴이다.

히즈라의 눈물

어느 날 델리 시내에 위치한 INA(Indian National Army) 마켓을 찾은 적이 있다. 교포들에게 인기가 대단한 곳인데, 아니나 다를까 시장통에 발 디디자마자 여기저기서 "어서 오세요" "아주 싸요" 하는 우리말 호객소리가 들린다. 기분 좋게 시장 한 바퀴 둘러보고 싱싱한 배추 몇 포기 사야겠다 싶어 채소가게 앞을 두리번거리던 차에 정육점 쪽에서 웅성웅성 소란스러워 슬며시 다가갔더니, 화려하게 차려입은 여자들이 두 손을 비벼대는 이상한 몸짓을 하며 모퉁이로 들어섰다. 그들이 큰 소리로 복을 빌어 주고 손을 내밀자 정육점 주인은 군말 없이 돈을 집어줬다. 그런데 무리지어 이동하는 그 일행을 향한 사람들의 표정이 하도 요상해서 물어본즉, 바로 자웅동체라는 의미를 지닌 히즈라였다.

남성도 여성도 아닌 제 3의 성으로 살아가야 할 운명을 타고난 히즈라는 고대로부터 공동체를 이루어 생활하면서 샤머니즘적 활동을 포함한 종교의식과 예술공연을 담당해 왔다. 가령 남자 아이가 태어난 집에 가서 힌두식 뿌자를 드리고, 결혼식이 벌어진 곳에서는 춤추고 노래함으로써 축복했다. 아주 옛날에는 왕의 시중을 들었다는 얘기가 전해 온다. 인도인들은 이러한 히즈라를 양성구유(兩性具有)인 힌두 신이 인간으로 환생한 존재라고 믿는다.

하지만 오늘날 진짜 히즈라는 수백 명쯤 된다는 게 전문가들의 주장이다. 나머지 50만 명 이상은 유사 히즈라로 본다. 폭력집단이 시골의 어린 사내아이들을 납치하거나 취직시켜 준다면서 데려와서는 히즈라센터의 구루에게 맡겨 강제로 거세시킨 사람들이라는 것이다. 이때 거세는 일정한 의식하에 행해진다.

구루는 불쌍한 희생자를 외딴 오막살이로 데려가고, 이틀 동안 아편과 우유만 먹여서 깊은 중독 상태에 빠트린다. 사흘째 새벽이 되면 대여섯 명의 히즈라가 지혈을 위해 어린아이의 생식기 주위를 동여맨다. 이 시점에서 돈에 눈먼 돌팔이의사는 날카로운 칼을 사용해 고환과 생식기를 잘라낸다. 끔찍한 상처는 밤새도록 방치한다. 남성의 기운이 빠져 나가고 여성으로 바뀌어야 피가 멎는다는 논리에 따른 대응이다. 원시적인 고통 중에도 일부는 살아 남지만, 숫자를 정확히 알 수 없는 어린 소년들이 그 과정에서 죽고, 시체를 태울 땔감이 아깝다는 이유로 야산에 아무렇게나 묻힌다.

생존한 아이들이라고 해서 육체적 아픔이 끝난 것은 아니다. 히즈라센터 일꾼이 둥글게 모양낸 보리수 가지를 상처 속에 쑤셔 넣어 막히지 않았는지를 확인하면, 곧 뜨거운 기름과 방부제가 상처 위에 뿌려진다. 그렇게 태어난 유사 히즈라는 다시 이틀간 요란한 북소리, 음악소리에 파묻혀 아편과 우유를 섞은 음료를 마신다. 조직원들은 구루가 나눠준 연한 버터(Ghee)를 함께 들이킨다.

히즈라가 조직원으로 받아들여지기 전에 거쳐야 할 마지막 관문은 여성 여부 검증이다. 이를 위해 두 명의 선배 히즈라는 잘 연마

된 돌 손잡이에 신참의 직장을 대고 위에서 누른다. 마침내 압박을 못 이겨 항문에서 선명한 핏방울이 떨어지면 첫 월경을 했다 하여 히즈라 조직의 일원으로 인정한다. 현재 인도 전역의 히즈라센터 숫자는 대략 대형 450개, 중소형 3만 7,000개 내외다. 이곳을 거쳐 여자로 재탄생한 사내아이는 특유의 춤과 노래를 익혀서 돈벌이하러 거리로 나선다.

대다수는 어린 시절에 잡혀 히즈라의 일생을 살아가되 더러 남색을 즐기다가 마수에 걸려 거세당하는 수도 있다. 그런 부류의 히즈라는 호기심 가득한 눈초리와 질문에 시달리느니 차라리 아파서 죽는 게 낫다고 생각해 병원 가기를 꺼린다. 한창 나이에야 그럭저럭 버틴다 하더라도 나중이 문제다. 에이즈를 비롯한 갖가지 병마에 시달리던 히즈라가 기력을 상실해 쓰러지는 순간, 사연 많고 한 많은 인간의 육체는 쓰레기 취급을 당한다.

역사적으로 따져 볼 때 인도의 히즈라 인구는 이슬람 지배를 계기로 급격히 늘어났다. 10세기 말부터 인도를 침략한 이슬람교도들은 정복지의 남성을 강제로 거세하여 왕비와 후궁이 머무는 하렘에 배치했다. 하루 다섯 번씩 알라신의 은총을 간절히 기도드리는 한편, 자신들의 쾌락을 도모하고자 비인간적인 행동을 서슴지 않았던 셈이다.

예나 지금이나 히즈라는 사람들의 조롱거리이자 구석진 소외집단일 뿐 진정한 사회구성원과는 거리가 멀다. 그러다 보니 길거리, 시장, 공원을 휘젓고 다니면서 웃고 떠들고 춤추는 사이사이에도 가슴에 아픔이 차곡차곡 쌓이고 양 볼에는 뜨거운 눈물이 흘러내린다.

제3부

신화를 파는 시장, 인도

가난한 청년의 여유

사람들은 인도를 신비의 땅, 철학의 땅, 신화의 땅이라고 한다. 가본 사람, 안 가본 사람 모두 다 인도 하면 신비한 신화와 철학을 떠올린다. 그래서 그런지 인도인들이 풍기는 분위기도 예사롭지 않다. 어디를 가든 걸인 차림새의 구도자와 손 없고, 발 없고, 뼈만 앙상하게 남은 고행자가 자주 눈에 띈다.

삶과 죽음이라는 원초적 문제에 해답을 줄 것 같은 이미지가 강해서인지 몰라도 그곳에는 고민을 짊어지고 찾아오는 이들이 많다. 동서양 구분 없이 세계 곳곳에서 남녀노소의 여행자 무리가 인도로 모여든다. 우리 한국인들은 늘 인도에 대해 궁금증을 가지고 있으면서 더러 아주 답답한 일이 닥칠 때 마음 가는 대로 델리, 아그라, 바라나시, 뿌쉬까르, 보드가야, 콜카타, 뭄바이, 시킴, 히말라야 등을 방문한다.

언젠가 이런 일이 있었다. 델리에 머무는 동안 우연히 우리나라 사람을 만났다. 어느 날 갑자기 하던 일을 멈추고 인도를 잠시 다녀와야겠다는 생각이 들어 부랴부랴 사흘짜리 짐을 싼 중년의 신사였다. 모르긴 몰라도 중소기업체 사장이라니까 그 정도 시간 내기야 마음먹으면 어렵지 않았을 테지만, 세상 많은 곳 중에 하필 인도행을 선택한 이유를 듣고 싶었는데 끝까지 말을 안 해서 이리저리 짐작만 했다.

그 중소기업체 사장님과 함께 델리의 찬드니초크 시장을 한 바퀴 둘러봤다. 원래 어마어마하게 크고 무지무지하게 붐비는 곳인 데다가, 마침 찾아간 날이 일요일이어서 사람 구경, 장사꾼 구경, 가게 구경, 시장 구경을 실컷 하기에 딱 맞았다. 중고서적 파는 가게가 끝 모르게 늘어섰고, 무수한 골목마다 각양각색의 물품을 늘어놓은 점포들이 들어앉아 있어 잘못하다가 길 잃어버릴까 봐 잔뜩 겁날 지경이었다. 찬드니초크에 없는 것은 세상 어디에서도 못 찾을 만큼 온갖 게 널렸으니 눈이 휘둥그레지고 입이 떡 벌어질 정도였다. 약간 우울해 보이던 그도 찬드니초크에 와서는 환한 표정으로 바뀌었다.

걸어서 구경하다가는 찬드니초크의 한 귀퉁이를 맴돌다 그냥 돌아가야 할 것 같아 인력거를 잡아탔다. 역시 여유롭게 시장통 골목과 길거리를 누비기에 좋았다. 그러다가 큰길 쪽으로 나왔을 때 도로 중앙분리대에 걸터앉은 걸인을 만났다. 아마 하루 종일 그렇게 앉아서 소일하는 듯했다. 맨발에다 허름한 행색을 한 잘생긴 외모의 그 걸인 청년은 사람들을 보자 그저 웃을 뿐이었다. 돈 한 푼 달라며 길을 가로막거나 귀찮게 하지 않았다. 걸인의 얼굴 또한 어찌나 맑고 깨끗하고 평화로운지 정말 놀라웠다. 비록 잠시 스쳐간 장면이지만, 이를 목격한 인력거 옆자리의 중소기업체 사장님이 만사 마음먹기에 달렸다면서 혼자 중얼거렸다. 아마 지나친 집착 때문에 고통스러웠던 지난날과 걸인의 여유조차 없었던 삶에 대한 후회가 밀려왔기 때문이라 여겨졌다.

찬드니초크 시장 구경에 동행했던 사장님은 이틀날 저녁 비행기 편으로 귀국했다. 사흘간 인도에 머물며 얽히고설킨 골칫거리들을 잊고 마음의 평정을 얻고자 한 게 분명한데, 어쨌든 돌아갈 때는 웃으면서 갔다. 걸인인지 구도자인지 불분명한 청년의 모습이 어떤 식으로든 도움을 줬다고 믿는다. 인도는 신비의 땅, 철학의 땅, 신화의 땅일 뿐만 아니라 치유의 땅이다.

경비원과 운전기사의 말동무

한창 일할 나이에 시간을 물 쓰는 듯하면서 꿈꾸지 않는 사람은 살아도 살았다고 말하기 어렵다. 정신의 번득임과 더 나은 미래를 향한 열정을 완전히 잃어버린 채 하루하루 그럭저럭 견디는 것을 두고 어찌 바람직한 생활 자세라고 할 수 있겠는가. 그러나 이러한 태도가 개인의 잘못보다 주로 사회적 환경에서 비롯된 것이라면 달리 생각해 봐야 한다.

동남아시아의 여러 나라처럼 인도 도시의 중산층 이상 거주지에는 구역과 주택별로 경비원을 둔다. 넓은 콜로니 곳곳에 검문소와 유사한 모양의 시설을 세우고, 경비원들이 출입구를 하루 종일 지킨다. 콜로니 내부의 집 앞에도 똑같은 광경이다. 젊은 사람, 중년 남성, 나이 지긋한 남자가 집집마다 대문에 자리를 잡고 앉았다. 이들은 더울 때 따가운 햇살을 피해 그늘에 숨어 시간을 보내다가, 쌀쌀한 계절이 오면 골목 이곳저곳에 모닥불을 피워 놓고 옹기종기 모여 시린 몸을 녹인다.

경비원의 단짝 친구는 동네 자가용 운전기사들이다. 어느 정도 살 만한 인도 가정은 대부분 소형차를 굴려도 기사를 따로 고용해서 운전을 맡긴다. 그들은 차주의 외출에만 따라나설 뿐 그렇지 않을 경우는 마땅히 할 게 없다. 물걸레로 자동차 먼지를 닦아 내거나 차체의 흠터를 손보는 것은 일상 작업이긴 하되 긴 시간을 쓸 만큼 수고로운 일거리가 못 된다. 빈틈이 많다 보니 자연스럽게 경비원들과 자주 어울려 잡담하고 빈둥거린다.

골목길 동료라고 할 수 있는 경비원과 자가용 운전기사들의 하루를 유심히 관찰하노라면 슬며시 의문이 든다. 왜 그들은 한 해 365일을 멀뚱히 눈뜨고 아까운 세월을 길가에 그냥 흘려보낼까? 왜 따뜻한 날이든 쌀쌀한 날이든 어느 하루 어느 한 사람 조용히 책을 읽거나 자기 계발을 위해 애쓰는 모습을 보이지 않을까? 잡담하기, 빈둥거리기, 라디오로 크리켓 경기 중계 듣기, 지나가는 사람 빤히 쳐다보기. 그러다 지치면, 경비원은 시간 때우기가 무료해 근무 박스 안에서 졸고, 운전기사는 자동차 안에 들어가 의자를 뒤로 젖히고 편안하게 누워 자면서 주인이 부르기를 기다린다. 대학생, 대학원생 통학을 책임진 기사들은 오전에 학생을 데려다 주고 오후 귀가 시간까지 캠퍼스 벤치를 전전하다가 운전석으로 돌아가서 눈을 붙이든지, 이리저리 아무런 목적 없이 길거리를 배회하느라 대여섯 시간, 예닐곱 시간을 허비한다.

이런 행동은 새로운 삶을 개척할 여지가 거의 전무하다는 절망과 무기력으로부터 나온다. 가난한 시골 출신인 이들은 보잘것없는 신분에다 한 달 월급으로 우리 돈 10만 원 내외를 받아 가족을 먹여 살린다. 큰 피자 한 판 값이 1만 원 조금 넘으니까 식구끼리 외식하고 구경 다니기는 상상조차 곤란한 살림이다. 고향에 부모님이 물려준 땅덩어리를 묻어둔 사람은 내심 그것이라도 의지가

잠시 낮잠에 빠진 인력거꾼

될 텐데, 행운을 타고난 밑바닥 도시인은 드물다. 비하르 출신 메싱은 경비원 생활만 열두 해를 했는데, 아직 결혼을 못 했다. 나이가 쉰 살을 넘고, 겨우 본인 하나 먹고 살기에도 빠듯해서 이제는 포기한 듯하다.

모든 사회가 그렇지만 야트막히 둘러친 천장 아래 사람들을 가둬 놓고서는 아무리 꿈을 품으라 하고, 희망을 포기하지 말라 하고, 새로운 내일을 애기하자고 떠들어 봤자 현실과 동떨어진 강요일 따름이어서 일렁임이 일지 않는다. 메싱 바로 후배 세대의 하층 인도인들까지는 그 답답한 공간에 갇혀 지낸다. 그들은 가진 것 없고, 못 배우고, 촌스러운 반면, 천장 높이를 잘 알았다. 지붕 뚫고 하이킥하겠다며 죽을 힘 다해 발버둥쳐도 자신을 감싼 여러 겹의 천장에 부딪혀 나동그라질 것이라는 사실을 부모의 가르침과 경험으로 깨우친 사람들이다. 그래서 환히 밝은 날을 그리는 버릇은 의식적이든 무의식적이든 멀리하면서 꿈꾸는 법마저 잊게 되었다.

다행히 인도의 신세대는 도전적이다. 아마 어쩌다가 동네 골목길 귀퉁이에 일자리를 잡더라도 무기력증 걸린 듯 우두커니 웅크리고 앉아 인생을 하루 이틀 허송하지 않을 테고, 남의 차를 몰게 되더라도 세상사 귀찮은 듯 잠만 청하지 않을 게 분명하다. 그래서 인도 고급 주택가 경비원과 자가용 운전기사의 골목길 말동무는 사회 변화에 따라 차츰 귀한 광경이 될 수도 있으리라는 생각을 하게 된다.

깨달음과 맑은 물

비하르 주는 인도에서 가장 가난하다고 소문났다. 먼 옛날 찬드라굽타 마우리아와 아소카 왕이 비하르 땅을 중심으로 인도를 통치하면서 강성한 제국을 건설했다지만, 모두 한때의 영화이며 다 지난 얘기일 뿐이다. 오늘날 이곳은 좋게 말해 전통적인 모습을 잘 간직한 고장이고, 솔직히 표현하자면 저개발, 빈곤, 부패, 부조리, 폭력에 찌들었다. 오죽 하면 인도 사람들끼리 대화 도중 상대방에게 모욕을 줄 때 '비하르 놈 같다'고 내뱉을 정도다. 그래도 비하르는 어딘가 신비롭고 영적인 데가 있어 세계 여러 나라의 많은 사람들이 부지런히 비하르를 찾는다. 아마 불교와 자이나교의 발원지이기 때문일 것이다.

석가모니는 출가 후 대부분 생애를 오늘날의 비하르에서 보내고, 그에 속한 작은 도시 보드가야에서 무상정각(無上正覺)의 깨달음을 얻었다. 불교인들은 보드가야를 룸비니, 사르나트, 꾸시나가르와 더불어 4대 성지로 꼽는다. 보드가야 방문자라면 누구나 느끼듯이 이 도시의 이른 아침은 고요하다. 길가에 나무들이 가지런하고, 수도승들은 그 길을 걸으며 진언을 외우고, 수풀 사이로 새

소리가 들려오고, 잔잔한 북소리에 실려 사원의 향이 피어 오른다.

보드가야의 진면목은 해가 떠야 드러난다. 최근 인도 언론에 소개된 것처럼 보드가야 도로는 온통 누더기요, 보도는 군데군데 끊어졌고, 사원 뒤 흙길은 플라스틱 봉지와 각종 쓰레기 천지다. 식수로 사용하는 우물에도 쓰레기가 넘친다. 얼마나 지저분한지 멋지게 정돈된 호텔, 세계 여러 나라 요리를 맛볼 수 있는 카페, 우리나라와 티베트, 태국, 미얀마, 일본식의 아름다운 불교 사찰을 무색케 한다. 거리마다, 사찰 입구마다 모여드는 걸인과 떠돌이 동물들은 진정 비하르, 보드가야가 석가모니께서 깨달음에 도달했던 땅일까 의심하게 만든다. 또 이와 유사한 광경을 접할 때마다 드는 생각이지만, 도대체 인도 사람들이 이런 현실을 그대로 두는 이유가 무엇일까 참 궁금해진다.

인도의 여러 성지나 중소도시들처럼 보드가야는 전력과 물 사정이 형편없다. 특히 물은 거의 심각하게 오염됐을 가능성이 높아서 꼭 사먹어야 한다. 그래서 그런지 보드가야 거리, 골목, 공터 곳곳에는 빈 물병이 여기저기 굴러다닌다. 인도 사람들은 쓰레기를 정해진 곳에 모아야 한다는 의식이 약해서 먹고 남은 음식이든 플라스틱 봉지든 빈 물병이든 무심코 내던진다. 자동차, 기차 여행 중에는 차창을 열고 대지에다 버리고, 길을 걷다가는 길바닥에다 버리고, 공원에서는 벤치 주위에다 버린다. 인도 국민 한 사람이 하루 한 개 쓰레기를 버려도 15억 개가량 될 텐데, 치우기는 소홀해서 그야말로 엉망이다. 이런 근본적인 문제 탓에 보드가야의 쓰레기와 물 오염은 도를 넘었다. 눈앞의 현실에 놀란 어떤 기자는 이를 두고 '보드가야를 찾는 사람은 혹시 깨달음의 경지에 도달할 수 있을지라도 맑은 물, 맑은 공기는 못 구할 것'이라고 했다.

수천 년 전 석가모니께서는 보드가야 보리수나무 아래 앉아 깨쳐 부처가 되었다. 이제 그 자리에는 마하보디 사원이 들어서 주변의 혼돈, 무질서, 부정, 불결 속에 고요, 무심, 청아, 청결의 향기를 전하고 있다. 흡사 깨끗하지 못한 진흙탕에 곱게 핀 연꽃 같다.

다민족 사회와 경음기 소리

인도 뉴델리의 첫인상은 복잡하고 무질서하다. 인디라 간디 국제공항 출구를 나서면 가장 먼저 눈에 들어오는 게 제멋대로 늘어선 자동차 행렬이다. 운전자 대부분은 다른 차량이나 보행자를 조금도 배려하지 않을 만큼 자기중심적으로 보인다. 그나마 공기가 맑아서 상쾌한 기분을 느끼게 한다면 나을 텐데, 무더운 열기와 매연 때문에 숨막힐 지경이다 보니, 세상에 뭐 이런 도시가 다 있을까 하는 생각이 든다. 공항을 빠져나와도 도로 사정은 마찬가지이다. 승용차, 버스, 화물차에다 오토바이, 자전거, 오토릭샤가 뒤엉켜 지나가는가 하면, 행인들마저 무단횡단을 예사로 한다. 경음기는 사방에서 얼마나 울려대는지, 낯선 사람들로서는 깜짝깜짝 놀랄 지경이다. 머잖아 인도가 세계 최강 국가의 반열에 오를 것이라고 예측하는 사람들이 많지만, 당장 눈앞에 펼쳐진 광경으로 봐서는 고개를 갸우뚱거리게 된다.

그런데 생각이 여기까지 미치면 누구나 또 다른 궁금증을 가진다. 왜 인도 사람들은 언성 높여 싸우지 않을까? 자동차가 앞지르고, 끼어들고, 아슬아슬하게 스쳐가고, 멋지게 차려입은 사람, 허름한 차림의 사람들이 여기저기서 튀어나와 대로를 건너가도 상대를 향해 고함지르거나 삿대질해대며 욕하지 않을까? 우리는 운전 중에 살짝만 거슬려도 도로 한가운데 차를 세워놓고 서로 멱살잡이를 하는데, 도대체 이런 상황에서 어떻게 참을 수 있을까?

실제로 인도인들은 길거리에서든 사무실에서든 마주보고 싸우기를 꺼린다고 한다. 다양한 배경을 가진 사람들이 어울려 다민족, 다종교, 다언어 사회를 유지해 가는 생활방식의 일면이다. 이러한 행동의 기저에는 상대를 잘 알지 못하면서 사소한 일을 두고 다툴 경우 나중에 큰 화를 당하게 될 것이라는 경계가 깔려 있다. 그러므로 거리에 나설 때마다 온통 신경을 곤두서게 만드는 자동차 경음기 소음은 대면형 충돌을 달가워하지 않는 인도인들의 상호 간 간접적인 싸움의 함성이자 소극적 문제 해결과정을 알리는 신호인 셈이다. 대개 차량 구입 시 옵션인 사이드 미러 없이 다니는 차가 많아서 경음기를 심하게 울린다고 하고, 버스나 트럭은 뒤에 'Horn Please!' 'Blow Horn!'이라는 문구를 써서 다니는데, 여행자에게는 중요한 이유로 여겨지지 않는다.

이런 식으로 이해하자면, 우리가 다소 지나치다 싶을 정도로 장소, 시간 가릴 것 없이 서로에게 쉽게 화내고, 소리 지르고, 주저 없이 달려드는 것은 단일민족이라 서로 믿을 수 있어서인지도 모르겠다.

마니까르니까 가트

인도 힌두들은 일생 동안 탄생, 작명, 결혼, 죽음에 얽힌 여러 가지 의식을 치른다. 이 가운데 청춘남녀가 한창 젊은 시절에 만나 가정을 이루는 결혼식이 인생의 절정기를 표현한다면, 한 개인의 삶이 다한 것을 알리는 장례식은 다음 생에 더 낫게 태어나도록 바라는 산 사람들의 회합자리이다. 여기에는 누구든 본래 세상에 나온 게 자신의 뜻이 아니었던 것처럼 죽음도 본인 의지와 무관하게 맞이하라는 힌두교도들의 운명론이 녹아 있다.

각자 정해진 운명을 믿는다 하더라도 이를 조금이나마 좋은 방향으로 돌려놓고자 하는 사람들은 망자의 시신을 바라나시의 갠지스 강변 화장터로 옮긴다. 힌두 신자는 까일라쉬(수미산)의 성스러운 물이 흐르는 갠지스 강변에서 화장하게 되면 망자의 영혼이 그 강을 따라 좋은 곳으로 간다고 확신하기 때문이다. 그래서 힌두사상에 심취했던 비틀즈의 멤버 조지 해리슨도 이곳에서 재가 되어 강에 뿌려지기를 바랐다고 한다. 문제는 힌두 신자들의 바람을 다 들어줄 수 없다는 것이다. 화장할 장소는 부족한데, 시신이 자꾸 밀려들어서다. 수요공급이 어긋나니까 화장 비용은 치솟고 시끄러워진다.

  그 실상은 바라나시에서 가장 유명한 화장터인 마니까르니까 가
트를 둘러보면 알 수 있다. 이곳은 비싼 수수료 징수에 대한 힌두
들의 반발로 잡음이 많다는 소문이지만, 관리책임자는 완전 모르
쇠로 배짱을 부리면서 휴대폰 받느라 바쁘다. 조상 대대로 이 일에
종사해 온 그가 볼 때 화장터 수수료는 그저 고대로부터 이어진 일
종의 세금일 따름이라 결코 비싸다 싸다 따질 대상이 아니다. 하리
쉬 찬드라 시대의 왕후는 자기 사리를 찢어 수수료를 지불했다는
일화까지 들려주면서 아무리 비싸더라도 군소리 말라고 입막음을
한다. 감히 극락행 차삯을 깎으려든다고 나무라는 것이다. 화장터
관리책임자 입장에서는 망자의 마지막 의식에 1,000루피든 10만
루피든 형편대로 내는 게 당연하지, 이러쿵저러쿵 소란 피우는 가
족들의 태도가 심히 못마땅하다.

갠지스 강변 화장터에 모인 유족과 제사장

수수료 결정은 금방 이루어진다. 시신이 가트에 도착하면 순식 간에 그 가족 관련 서류가 갖춰진다. 거기에는 집안내력, 은행잔고 등 거의 모든 정보가 들어 있다. 이를 근거로 가격 협상에 돌입한 다. 과거 잘사는 사람들이 바라나시 갠지스 강변의 화장터 명의로 유산을 남겼던 것처럼 요즘도 부자들은 화장 수수료에 비교적 관 대하고, 더러는 기부금을 낸다.

매일 60~100구씩 시신이 밀려드는 화장터 일은 정말 고되다. 날 마다 소요되는 장작이 무려 130~230킬로그램에 이른다. 불볕더 위가 바라나시 일대를 덮친 1995년에는 하루 250구의 시신을 태 워야 했다. 화장터 관리책임자로서는 망자의 가족들이 이러한 고 충을 항상 알아주길 원한다. 그러나 일부 힌두들은 장작값부터 시 작하여 의례 하나하나에 가격을 매겨 빈자의 돈을 뜯어가는 화장 터 만행을 격렬히 비난해댄다.

성냥 사용이 금지된 마니까르니까에서 가장 비싼 것은 '꾼드'라 고 일컬어지는 화덕의 성스러운 불씨 '아그니'를 가져오는 값이다. 망자를 영생으로 인도해 준다는 꾼드의 불은 지난 수백 년 동안 꺼 지지 않았다. 늘 침울한 분위기의 화장터에 연중 한 번 생기 돌 때 가 있으니, 5월 즈음 힌두사원 신녀(神女)들이 찾아와 하루 종일 춤 추는 500년 전통의 '차이트라 나바라뜨라' 축제날이다. 그날이 지 나면 다시 화장터는 비탄에 빠지고 망자들을 극락으로 보내는 절 차에 따른 번잡함으로 시끄럽다.

맛살라 향기

세상은 수 천, 수 만 가지 향기로 가득하다. 꽃, 풀, 과일에서 살며시 번져 나오는 자연의 냄새가 있는가 하면, 사람들이 온갖 재주를 부린 인공적인 향도 세밀하게 감각을 자극한다. 또 개인, 가정, 지역, 나라마다 풍기는 향이 다르다.

인도를 대표하는 것은 혼합 향신료인 맛살라 향기다. 인도 사람들은 수십 가지 향신료를 오랜 세월 동안 자기 집안에서 전해 내려오는 방식대로 섞어 독특한 향미의 맛살라 요리를 한다. 지방에 따라서도 이러한 향신료들을 각기 특색 있게 배합해 고장 고유의 음식을 만든다.

북인도 사람들은 오랜 무슬림 통치의 영향으로 비교저 육류를 즐겨먹는데, 주된 메뉴는 맛살라 양념을 한 양고기 로간 조스, 향신료를 첨가한 고기 경단을 요구르트에 담근 구스타바, 닭고기나 양고기를 오렌지 향기 나는 쌀밥에다 버무려 넣고 설탕을 뿌린 치큰 또는 머튼 비리야니 등이다. 건과와 사프론, 크림과 향료를 맛깔스럽게 조화시킨 무갈 요리, 육류 또는 어류를 향료에 푹 담갔다가 진흙 화덕으로 구워내는 탄두리 요리, 둥근 막대 어묵 모양의

케밥도 북인도에서 자주 접할 수 있다.

모든 힌두교도들이 그렇지는 않지만, 인도인 중에는 채식주의자가 많다. 특히 남부 사람들은 값싸고 다채로운 종류의 채소로 맛난 음식을 차려낸다. 남인도 요리는 북부 것에 비해 훨씬 더 맵다. 채소 커리에 속하는 부지아, 아이들리와 피클, 채소, 렌즈 콩 커리를 쌀 케이크로 감싸서 이름도 거창한 도사, 도사를 찍어먹는 칼칼한 국물 사바, 요구르트에 오이, 민트를 갈아 넣은 라이따, 그리고 우리 음식의 부침개와 비슷한 우따빰 등이 널리 알려진 남인도 음식이다. 남쪽에서 쉽게 구할 수 있는 코코넛은 요리에서 약방의 감초격으로 쓰인다.

서부 해안 지역에는 어패류가 풍성하다. 그러니 요리할 때 조개, 물고기를 즐겨 쓴다. 커리나 꼬치구이와 어울리는 뭄바이 덕, 고급 호텔에서 내놓는 병어의 경우 부드러운 살코기 맛, 향신료 배합이 환상적이다. 뭄바이는 싱싱한 바다 게도 유명한데, 인도 현지의 교포들은 우리나라 영덕, 울진에서 나는 것만한 대게를 몇 마리씩 사온다. 다른 특식은 커리로 만든 렌즈 콩에 양고기와 닭고기를 함께 요리한 파르시 단 닥, 비날루 식초 절임고기가 있다.

캘커타를 낀 벵갈 특유의 요리로는 심황과 생강 맛 나는 요구르트에다 고기를 커리한 다히 마치, 코코넛을 커리한 새우 마일라이 등을 든다. 웨스트 벵갈 사람들은 물고기 요리 빠진 밥상을 상상 못 할 정도로 아주 즐긴다.

지역 구분 없이 인도 전역에 걸쳐 두루 맛볼 수 있는 것은 갖가지 채소와 렌즈 콩을 으깨어 끓인 달, 커리와 어울리는 다히, 커드라 불리는 요구르트이다. 달콤한 과자류는 주로 우유를 쓴 푸딩,

페이스트리, 팬케익이 흔하다. 만일 서양식 과자를 좋아한다면 인도 대도시 어디서나 구할 수 있으며, 맥도날드에서는 쇠고기 대신 닭고기 햄버거를 내놓는다. 이와 조금 다르지만 우리나라 오리온 초코파이도 인기리에 팔린다. 인도의 디저트로는 아이스크림 쿨피, 장밋빛 향기 도는 크림치즈 라스굴라, 밀가루와 요구르트, 아몬드를 설탕물에 재운 굴랍 잠문, 꿀맛 나는 기름이 흥건한 비스킷 잘레비가 자주 나온다.

싱싱하고 향기로운 과일도 수두룩하다. 망고, 석류, 멜론을 비롯한 열대 과일과 살구, 사과, 딸기 같은 온난대 과일이 길가의 리어카, 시장 모퉁이 가게에 수북하게 쌓였다.

인도 사람들은 식사를 마친 후 소화가 잘 되라고 빤을 씹거나 설탕과 상프를 손바닥으로 비벼서 삼킨다. 빤은 감기에 잘 듣는다는

남인도 음식인 도사와 우따팜

아니스 씨와 카르다몬을 인도산 상록관목 잎에 싼 것이다. 더러 아니스 씨, 카르다몬을 빼고 중독성 있는 토바코(담배)를 잎으로 말아 씹는 바람에 입 주위가 빨갛게 물들어 처음 보는 외국인들이 혐오스러워하지만, 일부 애호가들에게는 인기가 꽤 괜찮다. 상프는 진한 향기를 가진 씨앗인데, 녹색 빛깔이 난다.

차는 인도 사람들의 기호품인 만큼 다양한 종류를 자랑한다. 서민들은 끓인 우유에 설탕을 가미한 차 한 잔으로 아침 끼니를 때울 만큼 즐겨 마신다. 커피도 점점 대중화되어 가고 있다. 땀이 주룩주룩 쏟아지는 계절에는 레몬수, 버터밀크, 얼음을 믹서로 한데 뒤섞은 랏시와 꼭지를 작두칼로 잘라 낸 코코넛에 빨대를 꽂아 쭉 빨아 마시면 더위가 잠시나마 사라진다. 인도 맥주와 진은 맛에서 세계적이면서도 비싸지 않다. 다만 이는 정부 통제 대상이기 때문에 정해진 장소, 정해진 시간에만 음미 가능하다.

긴 역사와 전통에 뿌리를 둔 인도 음식은 향기, 색깔, 맵고 느끼한 수준이 그야말로 천차만별이다. 그래서 그런지 인도를 한번 다녀간 세계 사람들이 다시 먼 길을 되찾아 오는 까닭으로 인상 깊이 박힌 여유로움, 시골 주민들의 순박함, 어딘가 모를 원초적인 신비로움과 더불어 뇌리에 깊이 새겨진 맛살라 향이 풍기는 독특한 음식의 매력이 꼽힌다고 한다.

목동과 양치기 소녀의 사랑

델리 시내의 오베로이 호텔 건너편에 '순더르 나가르(아름다운 거리)'라는 시장이 있다. 이곳을 방문한 사람들은 가게마다 빼곡히 놓인 골동품과 거리 풍광을 접하고서 왜 그런 이름이 붙었는지 저절로 깨닫는다. 멋스럽고, 고풍스럽고, 인정스러우니까 그렇게 부르겠거니 짐작하면서 고개를 끄덕이는 것이다. 가게에는 힌두신을 형상화한 소품이 많다. 그중에서도 피리를 비껴든 남자와 옆구리에 물동이를 끼고 남자에게 기댄 여인의 목각상, 청동상은 유달리 눈길을 끈다. 남자가 크리슈나이며, 여인이 라다이다. 인도인들은 크리슈나와 라다의 사랑을 즐겨 노래한다.

어린 시절 목동으로 자란 크리슈나는 양치기 여인들이 냇가에서 목욕할 때 속옷을 몰래 나뭇가지에 걸어놓거나 소녀들의 옷에 울긋불긋하게 물감칠을 해서 골탕먹이던 개구쟁이였다. 하지만 그런 악동을 미워하는 사람은 없었다. 오히려 나이가 많든 적든 여인들은 크리슈나의 수려한 외모와 피리 부는 솜씨에 마음을 빼앗겼다. 목동의 아내 라다 역시 그랬다. 그녀는 고요한 밤 은은히 들려오는 피리소리를 좇아 집을 나가서 크리슈나와 깊은 사랑에 빠진다. 신분에 맞춰 애정 없는 결혼을 한 라다에게 크리슈나는 첫사랑이었다. 라다는 난생 처음 그리움을 알게 되고 주체할 수 없는 열정에 몸부림 쳤다. 그녀와 사랑을 나누면서 크리슈나의 바람기도 사라졌다.

이러한 크리슈나와 라다의 이야기는 훗날 서정시 「기타고빈다」 (목동의 노래)를 낳았고, 오늘날에는 인도 사람들의 일상에 광범위 한 영향을 미친다. 그때그때 필요할 때마다 동물이나 인간의 모습 으로 태어나서 세상을 유지시키는 보호의 신 비슈누가 어느 옛날 크리슈나로 화신해 라다와 주고받았던 사랑은 인도인들에게 신을 향한 구애의 자세를 일깨워 주었기 때문이다.

순더르 나가르에서든 어디서든 라다와 크리슈나의 러브스토리

크리슈나와 라다

를 듣노라면 서양 선교사들이 느낀 그대로 술람미 여인과 솔로몬의 사랑을 노래한 성경 「아가서」가 떠오른다. 이미 잘 알려진 내용이지만, 솔로몬은 이리저리 인생에 대해 고민하다가 변장한 채 왕궁을 나가서 목동으로 살아간다. 그 시절에 사귄 상대가 술람미의 양치기 소녀였다. 서로 장래를 약속한 두 사람은 잠시 이별하는데, 소녀는 그리움에 밤마다 울었다. 얼마 후 솔로몬 왕은 시골동네를 방문하고, 목동과 양치기 소녀는 다시 만나 왕궁에서 성대한 결혼식을 올린다.

유대인이나 초기 크리스천들은 솔로몬과 술람미 소녀의 사랑을 하느님에 대한 인간의 사랑, 예수에 대한 교회의 사랑으로 해석했다. 솔로몬은 단순히 육신의 아름다움, 희열, 절정을 읊기보다 하느님 앞에서 사랑의 노래를 불렀다는 것이다. 그래서 「아가서」를 아낀다.

크리슈나와 라다의 사랑, 솔로몬과 술람미 여인의 사랑에 특별한 의미를 부여한다는 점에서 인도인, 유대인이 신께 구애하는 방법은 비슷해 보인다. 다만 신을 사랑하면 할수록 기쁨이 넘쳐나는 것처럼 사람이 서로 사랑할 때도 감격은 가득해진다는 사실을 공유하기를 바라게 된다.

바부르의 유훈

옛날 아리안은 인도 대륙을 정복하고 브라만 사상을 정착시켜 나갈 때 원주민의 토속신앙에 무조건 적대적으로 반응하기보다 꽤 수용적이었다. 기원전 약 1500년까지 거슬러 올라간 시절의 이야기다. 이는 두고두고 힌두교의 강력한 힘이 된다. 후일 불교와 자이나교가 지배이념에 거세게 도전했으나 굴복시키기 어려웠던 것은 토속신앙을 접목한 힌두 사상의 저력 때문이라고 봐야 한다.

이슬람이 인도에 들어와서 힌두 사상과 부딪힌 결과도 그렇다. 유일신 알라를 믿는 무슬림은 집집마다 마을 어귀마다 여러 신을 모셔놓고 정성스레 섬기는 힌두 신자들의 모습에서 충격을 받았다. 코란에 따르자면 이러한 행위를 용납할 수 없지만, 인도인들의 의식과 일상에 깊숙이 뿌리내린 힌두 방식을 무시하기는 만만한 일이 아니었다.

8세기경 인도를 침략한 무하마드 카심은 현실을 인정했다. 인도 사람들이 보복당할까 두려워 이슬람으로 개종하더라도 그들의 실제적인 생활방식까지 뜯어고치기에는 한계가 있다고 생각해 군데군데 힌두 질서를 수용한 것이다. 11세기 무렵 가즈니 왕조의 알

비루니는 한 걸음 더 나아가 스스로 인도 철학에 관심을 보이면서
카필라, 파탄잘리, 바가바드기타, 푸라나 경전을 공부했다. 그리고
약 500년 후 인도를 침략해 무굴제국을 세운 황제 바부르는 아들
후마윤에게 유훈을 남긴다. 소수 무슬림 세력이 힌두를 지배하는
과정에서 꼭 지켜야 할 통치방안이었다.

유훈의 내용은 이랬다. "먼저 인도에는 종교가 다른 사람들이 한
데 섞여 살고 있으므로 이슬람 관습에 얽매어 종교적 편견을 갖거
나 치우친 판단을 내리지 말아야 한다. 특별히 암소 살육을 제재한
다면 힌두들의 호감을 사게 될 것이다. 아울러 어떤 공동체의 예배
장소라도 절대 파괴해서는 안 된다. 그보다 항상 사람들을 정의와

악바르 대제에 의해 세워진 아그라성

사랑으로 대하여 땅 위에 평화와 행복이 가득하도록 힘쓰는 게 옳다. 이슬람 전파는 사랑의 검과 빚진 자의 심정으로 해야 할 것이다. 시아파와 수니파 분쟁은 무시해 버려야 하는데, 그렇지 않을 경우 이슬람이 어려움에 처하게 된다. 각기 다른 성향의 수하들은 한 해 동안 각기 다른 얼굴로 찾아오는 계절처럼 맞아야 나라의 근간이 병들지 않는다." 하지만 후마윤은 왕조를 물려받고서도 경쟁 세력을 피해 도망 다니느라 유훈을 실천해 볼 겨를이 없었고, 기회가 와서 멋들어지게 실행에 옮기겠노라 마음먹었을 때는 서재 계단에서 굴러 떨어져 죽고 만다.

바부르의 유훈이 본격적으로 꽃핀 것은 3대 황제인 악바르 대제 통치 시기에 이르러서였다. 악바르는 암소 살육을 피했고, 힌두들에게 부과하던 인두세를 폐지했으며, 종교와 무관하게 인재를 고루 썼다. 악바르의 대를 이어 제위에 오른 황제 중에서는 자한기르가 이러한 자세를 본받았지만, 샤자한은 온통 정복활동과 페르시아 문화에 정신을 팔았다. 샤자한의 맏아들인 다라 시코는 힌두 사상에 호의적이어서 라마야나, 우파니샤드를 번역했을 뿐만 아니라 진지한 연구 끝에 힌두 신화와 이슬람 신화가 언어만 빼고 똑같다는 생각을 하게 됐다. 이에 왕자 아우랑제브와 보수 무슬림은 이교도 문화에 빠진 다라 시코의 목을 베고 권력을 빼앗았다. 아우랑제브는 인두세를 다시 도입하고 힌두 관리들을 축출함으로써 무굴제국 창건자 바부르가 신신당부한 유훈에서 벗어났다.

이렇게 권력자들의 시각과 입장이 그때그때 오르락내리락 바뀌어도 힌두는 원래 모습과 영향력을 굳건하게 지켜냈다. 이런저런 사연 때문에 무슬림으로 개종한 인도 사람들까지 힌두 관습을 상

당 부분 유지하면서 홀리, 디왈리를 즐기며 힌두식 인사를 나눌 정
도였다. 더 심하게는 온 인류를 한 형제로 여기는 이슬람의 기본
강령마저 힌두 사상에 의해 변질되었다. 이슬람이 인도에 들어와
서 힌두 카스트의 압제를 다소 완화시킨 듯해도 정작 그 신자들 사
이에는 아랍·페르시아·터키계 출신, 힌두로부터 개종한 브라만·
전사 신분 출신, 하층 신분 출신을 따로 나누는 무슬림 카스트가
생겨난 것이다.

오늘날 인도 힌두 문화와 이슬람의 관계도 비슷하다. 배타적이
고 완고하기로 소문난 델리의 무슬림은 홀리, 디왈리에 영 흥미가
없지만 페르시아 글자에다 힌두식 발음을 입힌 우루두를 쓴다. 힌
두 사상은 인도 원주민의 토속신앙을 접목해 더 강해졌고, 이슬람
은 힌두 사상을 만나 맛살라풍으로 변했다.

아그라성으로 들어가는 길

사막의 축제

뿌쉬까르는 인도 라자스탄 동부에 위치한 조그만 소도
시이다. 이곳은 힌두 신화에 전하기를, 창조의 신 브라마가 악마와
싸우던 중에 무기로 쓰던 연꽃잎이 떨어져 생겨났다고 한다. 겨우
인구 2만 명 남짓한 이 시골마을은 위치상 서부 사막지대와 연결
되는 데다 신화적 이야기, 인도 유일의 브라마 사원, 성스러운 호
수가 있어 힌두교도라면 누구나 한번 순례해야 하는 성지이자 여
행자들을 불러 모으는 관광지로 유명하다. 특히 힌두력 음력 8월

라자스탄의 또 다른 볼거리인 자이살메르 성채

(양력 10~11월) 까르딱 기간의 보름 무렵이면 낙타 축제와 순례자들의 성지 방문 의식이 겹쳐 시끌벅적해진다.

본래 낙타 축제는 오랫동안 뿌쉬까르 인근 사람들끼리 모여 낙타, 소, 말 등 가축을 사고파는 전통행사였는데, 라자스탄 주 정부가 내용을 덧붙이면서 커졌다. 해마다 거의 열흘 가까운 축제기간에 유목민들은 일 년간 초지에서 잘 키운 수만 마리의 낙타와 말을 몰고 뿌쉬까르 외곽으로 모여든다. 수십만 평 대지에는 세계 최대 규모의 낙타시장이 선다. 자신이 가져온 낙타를 팔고 새로 사려는 사람은 벌판에 천막을 친 채 며칠을 묵으며, 앞다리 사이의 굳은살을 만져 부드러운 것, 눈 상태가 양호한 것, 입술이 힘 있는 것, 몸의 태가 훌륭한 것, 가격 적당한 것을 고른다. 이즈음 뿌쉬까르 외곽은 온통 낙타, 말, 유목민, 여행객으로 꽉 찬다. 근래 수컷 낙타는 1만 5,000루피, 암컷 낙타의 경우 2만 루피 전후로 거래되었다.

낙타 무리와 유목민 천막 둘레로는 간단하게 음식 해먹을 수 있도록 모닥불이 지펴지고, 이들을 따라온 다른 무리는 포장마차를

이른 아침의 낙타시장

차려 짜이 장사를 한다. 실제로 수년 전 그곳에서 일곱 살 여자아이 소다 마야가 할머니, 아빠, 엄마와 함께 낙타시장 귀퉁이에 차린 임시가게에 들른 적이 있다. 어린 소녀는 수만 마리 낙타와 말, 셀 수 없이 많은 유목민과 여행객이 어우러진 광경에 익숙한 듯 밝게 맞았다.

또 이맘때쯤이면 노란 옷, 붉은 옷, 푸른 옷 등 형형색색의 옷을 입은 여성, 맨발에 지팡이를 짚은 노인, 단정한 매무새의 소년·소녀들이 성스러운 호수에 목욕하고 브라마 사원에 참배하러 뿌쉬까르를 찾아와 골목을 더욱 북적이게 한다. 도시 안쪽은 세상살이에 찌든 때를 말끔히 씻어내려고 이른 아침부터 밤새도록 오가는 사람들의 웅성거림, 여행객을 실어나르는 오토바이 경적소리, 힌두 경전 읽는 소리, 가게에서 흘러나오는 노랫소리, 행사 진행 안내방송으로 뒤덮여 곤히 쉬기 힘들 정도이다.

그래도 뿌쉬까르에 모인 엄청난 수의 외국인 여행자들 표정은 환하다. 호객꾼이 내지르는 고함소리, 상인들의 바가지 씌우기, 사방에 널린 쓰레기와 지린내, 누가 보든 말든 아무 데서나 대소변을 누는 주민들의 행동에 아랑곳없이 흐뭇하게 즐긴다. 사막 캠프에 숙소를 차린 나이 지긋한 미국인 노인들, 다정히 두 손 꼭 쥔 동서양 중년들, 카메라 셔터 누르고 얘기 나누기 바쁜 젊은이들은 지저분한 길, 곱빼기 방값과 물건값, 미어터질 듯 밀려드는 사람홍수를 뻔히 알고 온 것이다. 그들은 인도의 맨얼굴, 가식을 뺀 삶, 영혼의 정처와 낙타, 유목민, 목동, 사제, 수도자, 순례자, 상인, 걸인, 집시, 사기꾼, 호객꾼, 악기 연주자, 뱀 부리는 사람의 한바탕 잔치가 흥겹다.

우리도 지역마다 축제는 많다. 머드, 송이, 대게, 한우, 탈, 산나물, 나비, 벚꽃, 사과, 복숭아 등 주제가 다채롭고, 축제 열리는 고장의 집, 가게, 골목이 깨끗하며, 사람들은 친절하다. 그런데 이상한 것은 그토록 불결하고 허술한 인도 도시와 시골마을에 비해 대박을 터트린 곳이 없다. 왜 그럴까? 차이가 있다면 오직 혼, 정신, 판타지, 개성의 존재 유무뿐이다. 우리 축제는 다 똑같다. 혼이 죽었다. 잘 다듬은 테마파크는 아니어도, 여관보다 못한 건물에 호텔 간판 걸어도, 말쑥하게 치장한 안내원 안 세워도 혼과 정신이 살아 있으니 수만 리 먼데서 사람들이 찾아온다. 하지만 그것을 상실한 우리의 잔치는 만국기 펄럭이고, 확성기 볼륨 높이고, 엑스포다 박람회다 축제다 떠들어 봐도 세계인들은 거들떠보지도 않는다.

뿌쉬까르의 낙타시장

술과 소마 라사

지난 십수 년 동안 술 마시는 인도인이 엄청 늘었다고 한다. 2010년 기준으로 그 숫자가 2억에 이른다. 주량도 웬만큼 세서 위스키든 럼이든 맥주든 가리지 않는 주종불문 두주불사형 술꾼이 의외로 많다.

본래 인도는 음주와 거리가 먼 나라다. 제도만 봐도 그 사실은 분명해진다. 무엇보다 헌법 제정 당시 주역이었던 마하트마 간디와 빔라오 암베드카르는 철저한 금주 지지자로서 헌법 47조에다 "국가는 국민 건강에 관심을 기울여야 하며, 의료 목적 이외에 알코올 사용을 금하도록 노력해야 한다"고 못박았다. 그러다 보니 거의 모든 주 정부는 음주 가능 연령을 스물다섯 살 이상으로 높게 정해 놓고 있다. 실생활에서 술이 주는 느낌은 아주 부정적이어서, 중매쟁이들은 신부 될 처녀 집에 가서 신랑감을 소개할 때 술 냄새만 맡아도 쓰러지는 사람이라고 칭찬하며 으레 음주 안 하는 것을 자랑으로 삼는다.

하지만 보통 힌두 사제는 음주를 개인의 취향이라면서 대수롭잖게 얘기한다. 종교적으로는 이미 오래전부터 술이 가진 속성에 눈

떴으므로 술 마시는 행위를 무조건 반대하지 않는 것이다. 예를 들어, 일찍이 리그베다는 소마(Soma)를 찬미했다. 소마는 빛이요, 새벽이며 태양을 밝힌다고 읊었다. 사제들은 거의 신격화되다시피 한 식물에서 얻어진 소마 라사(Soma Rasa)를 신께 바치고 나눠 마셨는데, 소마 제의는 여러 힌두 제사의식 중에 가장 중요시되었다.

소마가 정확히 어떤 식물인지에 대해서는 리그베다에도 뚜렷한 설명이 없다. 오늘날 다수 학자들은 이를 즙이 많이 나는 넝쿨 식물의 일종이 아닐까 짐작만 한다. 그 즙은 인도인들의 대표적 기호식품인 빤(Pan)보다 더 강한 환각작용을 일으켜서 몇 잔 마시면 정신이 몽롱해지고 실상과 허상을 헷갈리게 만들었으니, 당시 힌두 사제가 생각하기에는 이야말로 신비스러운 물질이라 여겼을 법하다. 늘 상상하던 신의 세계를 체험한 사제는 소마 라사가 지닌 힘을 깨달았고, 이와 유사한 상태로 이끄는 술을 나쁘다고만 할 수 없었다.

이슬람은 대개 공업용이나 의료용 외에는 알코올 사용을 엄격히 금하고 있다. 마호메트의 언행을 기록한 하디스와 신의 계시를 집대성한 코란 구절에 근거를 둔 규제다. 시크 역시 신자가 되려면 먼저 술과 마약을 절대 입에 대지 않겠다는 맹세부터 해야 할 정도로 단호하다. 그러나 실제로는 술 문제에 가장 자유분방한 집단이 시크교도들이다. 불교는 마음을 어지럽히고 수행을 망친다 하여 술을 멀리하도록 가르치고, 자이나교도들도 대체로 심신수련에 방해되는 음주를 금한다. 다만 조로아스터 신자들은 금칙의 계율보다 개인의 지혜와 판단에 맡기는 종교적 배경으로 인해 비교적 편하게 술을 마신다.

그렇다면 향후 수년 내 인도 술 시장에는 어떤 변화가 일어날까?

일단 지금은 술 광고를 못 하도록 금지되어 있다. 우리나라 주류 제조업체들처럼 매혹적인 인기스타를 내세워 소비자를 유인할 수 없다는 것이다. 힌두와 이슬람 종교원리에 철저한 인도 사람들 입장에서는 이런 규제정책의 완화나 폐지를 수용하기 어렵다. 만일 그동안 묶였던 광고 규제가 풀려서 결혼하고 나서도 여전히 아름다운 아이시와랴 라이, 요즘 잘나가는 팔등신 미녀 여배우 카리나 카푸르, 가장 섹시한 인도 여성이라는 카트리나 카이프 중에 누구든 술 광고를 찍는다면 젊은이들의 음주량은 치솟을 가능성이 높다.

일정한 장소에서 일정한 시간에 술을 팔고 대중매체의 술 광고를 금지하는 기존 관행이 언제까지 갈지 모른다. 벌써 정부 감시가 드문 일부 지역과 지역의 경계지대에는 English Liquer! Whisky! 등 갖가지 솔깃한 문구를 화려하게 새겨 넣은 술집이 들

신께 바칠 신성한 꽃을 손질하는 사람들

어서 관광객을 부른다. 그런데 정작 그곳은 외국인 관광객보다 통행세를 내려고 멈춰 서거나 시내 통과시간을 기다리다 한잔 하러 온 인도인 트럭 운전사들로 붐비는 취중운전의 출발지다.

이런저런 광경을 둘러보면 환각 성분이 함유된 소마 라사를 오로지 제사의식에만 쓴 힌두 사제에게서 배울 게 많다는 생각이 든다. 몽롱한 순간이 주는 일시적인 위안과 일탈의 자유에 집착할 수 있겠으나, 동시에 나타나는 방종과 무질서를 우려한 제사장들은 소마 라사 사용을 제한했다. 물론 자기들끼리 배타적으로 신비한 경험을 독점하려는 이기심이 생겼는지는 모른다. 혹시 그래서인지 힌두 사제집단은 대중용 소마 라사쯤 되는 것을 따로 개발해 민간에 유통시켰다. 겨울이 가고 봄이 올 무렵 열리는 홀리축제 때 인도 사람들이 방(Bhang)이라는 차 잎을 우유에 타서 마시는데, 그게 바로 환각작용을 일으키는 대중용 소마 라사이다. 이날 방에 취하고 술에 취해 일어난 웬만한 불상사는 '홀리헤~'(홀리축제이니까 참아달라는 뜻) 한마디로 양해된다.

해마다 고도 성장을 거듭 중인 인도에서 소마 제의를 통한 신과의 만남은 이제 구원방법으로서 매력을 잃어가는 추세이다. 시간이 흐르고 산업화가 급신선될수록 힌두 사제들의 권고 범위를 벗어난 채 술에 의지해 스스로 황홀한 신의 세계를 경험하려는 대중의 숫자는 늘어난다고 봐야 한다.

신화를 파는 시장

빠하르 간즈 메인바자르는 뉴델리의 오래된 시장이다. 이곳은 빽빽이 들어찬 구멍가게, 여인숙, 싸구려 식당과 인력거, 소달구지, 오토릭샤, 여행자들이 한데 어우러져 마치 피난지를 연상케 한다. 건물도 낡고 빛바랜 것이 많아 멀찌감치 떨어져 쳐다보면 전쟁의 폐허 속에서 겨우 살아 남은 게 아닌가 싶을 정도다.

그런데 놀랍게도 가게 안이나 시장 골목 구석구석은 아기자기함이 살아 있다. 여기저기를 기웃거리며 지나다니는 사람들의 표정에는 놀라움과 즐거움이 묻어난다. 겉이야 정말 폭탄 맞은 것처럼 볼품없고 온갖 냄새에 찌들었지만, 예스러운 정취와 세월의 무게에 흠뻑 빠진 여행자들에게는 전혀 문제될 게 없다. 오히려 그들은 무슨 보물찾기를 하는 양 부지런히 뒤지고, 잠시 한숨 돌려야겠다 싶으면 허름한 노천카페에 걸터앉아 차 한 잔 마시면서 쉰다.

인도는 신화의 땅이다. 그곳에 가는 사람들은 나름대로 꿈을 꾼다. 각자 자신의 머릿속에 아주 고급스럽고 세련된 건물, 공간, 상품을 그리는 대신 수천 년 역사를 가진 환상적인 이야기, 현대인의 상식으로는 쉽게 납득하기 어려운 생활풍습, 광활한 땅 위에 남겨진 생각의 자국을 떠올린다. 빠하르 간즈 메인바자르를 방문한 여행자들이 밝게 웃는 이유가 여기에 있다. 당장이라도 쓰러질 것 같은 이 시장에는 아무리 해도 다 못할 숱한 이야기와 삶과 시간이 가판대에 아무렇게나 놓인 채 고객을 기다린다. 인도 여행자가 기대하던 바로 그것이다.

최근 인도 경제는 고성장을 거듭하고, 사회도 급변하는 중이다. 여기에다 월마트를 비롯한 세계적 기업들이 유통시장 개방을 강력하게 요구하면서 차츰 점포 수를 늘려갈 것으로 보이니, 시간이야 다소 걸리겠지만 지저분한 전통시장은 말끔한 초현대식 건물로 새 단장될 가능성이 높다. 대형마켓이 대도시 전통시장을 거의 전멸시키다시피 초토화한 사례는 일본에서 볼 수 있고, 우리도 그 길을

빠하르간즈 메인바자르

가는 중이다. 인도의 경우는 이제 시작이다. 또 언젠가 재개발 붐이 일어나 아예 시장 자체를 없애 버릴지도 모른다. 그러나 어떤 경우든 큰 도시마다 신화를 파는 시장 몇 개쯤은 남겨 두면 어떨까 하는 여행자의 기대를 갖는다. 신화는 보고, 듣고, 오래도록 마음에 담고 싶은 게 당연하다.

이러한 인도의 사정에 비하면 우리는 너무 성급하게 옛 도시의 이야기를 지우고 화려한 줄거리를 입혀 새로 썼다. 지금도 판타지 허물기에 난리다. 결과는 모두 그저 그렇게 비슷한 모습에다 방문자의 상상력을 자극하지 않는 도시, 이야기 없는 도시뿐이다. 이제 인도 도시들은 신화를 지키고, 우리 도시들은 만들어 가야 한다.

아르주만드 베굼의 묘

오늘은 내가 떠나야 하는 날

위로를 받아들이고 고통을 수용해야 될 때

한동안 나는 그대의 아름다움에 취했으나 지금은 피를 흘리니

오늘은 내가 떠나야 하기에

뭄타즈 마할은 열네 번째 아이를 출산하다가 난산으로 죽음을 맞이하게 되자 갑작스러운 이별의 심정을 이렇게 표현했다. 그녀는 남편에게 두 가지 유언을 남겼다. 재혼하지 말아달라는 것이 그중 하나였다. 이는 얼핏 듣기에 마지막 순간까지 애정 독점을 바랐다는 오해를 살 만하지만, 실은 왕좌를 차지하려고 골육상잔을 서슴지 않는 부자와 형제 싸움을 옆에서 지켜봤기에 드리는 진심 어린 부탁이었다. 죽어 가면서도 새 왕비가 아이를 낳아서 이복형제들끼리 권력을 다투는 처참한 비극을 미연에 방지하고자 한 것이다. 다른 하나는 세상에서 가장 아름다운 무덤을 만들어달라는 요청이었다. 이 유언은 뭄타즈 마할 자신이 꿈속에서 보았던 황홀한 세계를 찾아가려는 바람을 밝힌 것인데, 타지마할 건축의 계기는

이로부터 왔다. 때는 1631년 1월이었다.

아내가 죽자 슬픔을 못 견뎌 하룻밤 사이에 백발이 되어 버린 '왕 중의 왕' 샤 자한은 두 해 동안 흰옷 차림을 하고 기름진 음식을 입에 대지 않았다. 샤 자한이 그토록 상심한 데는 그럴 만한 이유가 있었다. 뭄타즈 마할은 그에게 아내 이상의 존재였기 때문이다. 뭄타즈 마할을 만난 사람들은 모두 그녀를 온화하고 자상하며 현명한 여인이라고 표현했다. 샤 자한은 옥새를 그런 뭄타즈 마할의 손에 맡기고 어려운 일이 있을 때마다 의견을 물었다. 두 사람은 전쟁터를 누비면서 생사고락을 함께한 동지였다. 샤 자한이 서

타지마할

른여덟의 아까운 나이에 이승을 떠난 왕비를 위해 꼭 해주고 싶어한 것은 유언 준수였다. 타지마할은 그 절절한 사랑의 결정체라고할 수 있다. 인도의 시성 타고르는 이러한 타지마할을 두고 "시간의 볼 위에 흐르는 눈물방울"이라 노래 불렀다.

왕비가 서거한 이듬해인 1632년, 샤 자한은 그녀의 무덤을 짓겠노라며 라자스탄 영주에게서 땅을 샀다. 그때 왕비 무덤으로 세워진 타지마할의 입구는 남쪽을 향하도록 냈고, 아치형 정문에는 "잠든 영혼이여 주에게로 돌아가라"는 코란 글귀를 캘리그래피 스타일의 아랍어로 새겼다. 직선거리상 300여 미터 떨어진 정문과 무덤 사이는 천국의 발원지를 본뜬 인공수조로 채웠다.

타지마할은 힌두양식과 이슬람양식이 절묘하게 어우러진 건축물이다. 천국을 이 땅에서 재현한 정사각형 모양의 정원, 이완(Iwan) 구조의 아치, 탑 형태의 미나르는 이슬람식이고, 건물 꼭대기를 네 개의 부분으로 장식한 것은 힌두식이다. 타지마할이 이중돔으로 둘러싸인 이유는 무덤 내에서 음악을 연주하거나 코란을읽을 때 공명통 작용을 하면서 건물의 웅장함을 드러내도록 하기위해서다. 타지마할의 출입구는 여느 무덤처럼 남향인데, 그 내부에 모셔진 뭄타즈 마할의 시신 머리는 북쪽, 얼굴은 서쪽의 메카를향한다. 무덤은 가묘와 진묘로 이루어지며, 일반 관광객들에게 공개되는 것은 가묘다.

타지마할의 기단은 심각한 재난재해에 끄떡없이 견딜 수 있을정도로 튼튼하다. 또 사방에 우뚝 선 탑은 바깥으로 기울어져 지진이 나더라도 중앙의 무덤을 해칠 염려가 없고, 동편에 위치한 나그네 숙소와 서편의 사원이 대치하듯 하면서 균형을 맞춘다. 무덤을

타지마할
유리궁전의 일부

두른 양각은 1620년대부터 제수이트 선교사들에 의해 반입된 나르시스, 백합, 튤립, 양귀비꽃을 새긴 것이다.

잘리(Jali)는 건물 안에 빛이 잘 들게 하고자 고안된 이슬람식 건축 요소이다. 이슬람은 빛을 신성함의 상징으로 봐서 모든 건물에 이를 장식한다. 인도에서는 악바르 대제 시절에 단순한 도안의 잘리가 인기를 끌었으며, 샤 자한 재위 기간에 들어서는 타지마할 내부의 벽 치장처럼 보다 정교하게 다듬어진 꽃모양이 널리 유행했다. 당시 꽃모양 조각에는 모자이크의 일종인 피에트라 두라가 쓰였다. 이는 대리석에 각종 문양을 판 뒤 다양한 색상의 돌이나 준보석을 박아 넣는 기법을 말한다.

신비한 아름다움을 자아내는 타지마할의 순백색 대리석은 인도 라자스탄 주 마크라나 광산에서 왔다. 그렇다고 타지마할이 안팎으로 몽땅 마크라나산 대리석에 뒤덮이지는 않아서, 외장재는 주로 대리석이되 내장재의 경우 잡석을 섞어 안쪽을 채운 후 그 위에 대리석을 잘라 붙였다. 이러한 시도만으로도 건물의 미적 자태는 눈부실 지경이다.

요즘은 보름달 뜨는 날 밤에 일정 숫자의 사람들에게 타지마할을 개방 중이니, 야무나강과 한데 어울려 신비감을 더하는 인류 최고의 예술작품을 감상하면서 그곳에 깃든 사랑 이야기를 음미해 보는 것도 좋겠다. 뭄타즈 마할의 비문은 아주 간단하다.

"1631년 6월 17일, 뭄타즈 마할이라 불린 아르주만드 베굼의 묘."

아바타와 힌두 신화

영화 〈아바타〉는 꿈속의 이야기처럼 신비롭다. 먼 옛날부터 전해오는 전설을 실감나게 재현한 것 같고, 앞으로 다가올 세계를 미리 보여주는 것 같기도 하다. 대형 화면에 비친 영상과 상상의 판타지는 얼마나 놀라운지 〈조스〉〈ET〉〈쥬라기공원〉〈매트릭스〉〈해리포터〉〈반지의 제왕〉을 처음 만났을 때보다 더 충격적이다.

제임스 카메론 감독의 역작인 이 영화는 지구촌 사람들을 깜짝 놀라게 했듯이 인도 관객들에게도 대히트를 쳤다. 힌디권 멀티플렉스에서는 비슷한 시기에 개봉한 국민배우 아미르 칸의 영화 〈세얼간이〉를 능가할 정도였다. 매표소마다 소문난 작품을 감상하려는 사람들이 줄섰고, 인도 최대의 극장 체인 'PVR 시네마'와 3D 시설을 갖춘 복합상영관은 그 덕분에 큰 수익을 올렸다. 이는 지금껏 인도에 소개된 할리우드 영화가 달성한 성과로서는 최고였다.

도대체 왜 인도인들은 카메론의 또 다른 대작 〈타이타닉〉이 세운 외화 흥행기록을 갈아치우면서 〈아바타〉에 열광했을까? 아마 가장 주된 이유는 어딘지 모르게 자신들과 정서적으로 가깝다는 생각이

들었기 때문일 것이다. 제임스 카메론 감독이 의도한 것인지는 정확히 알 수 없지만, 인도 사람들은 영화 〈아바타〉에서 문득문득 힌두 신화의 흔적을 발견했다.

영화 제목부터 그렇다. 아바타란 원래 화신이라는 뜻을 가진 산스크리트어다. 힌두 신화에는 브라마, 비슈누, 시바 등 주요 신이 등장하는데, 이 중에 비슈누는 그때그때 아바타로 현신해 세상을 다스린다. 한때 인도를 중심으로 강력한 세력을 이뤘던 불교는 힌두교와의 차별화에 실패한 후 쇠퇴했을 뿐만 아니라 부처를 힌두 신 비슈누의 아홉 번째 아바타로 내주고 말았다. 세월이 지나면 위대한 족적을 남긴 '인간' 마하트마 간디도 아바타의 반열에 오르리라 예상된다. 그러니 제임스 카메론의 〈아바타〉는 제목부터가 상당히 인도풍인 셈이다.

색상은 더욱더 힌두 신화를 연상시킨다. 영화에서는 머나먼 행성 '판도라'의 원주민 나비족이 푸른색 피부를 가진 생명체로 나온다. 힌두 신화와 푸른색은 아주 가깝다. 파괴의 신 시바가 푸른 목이었고, 목동의 신 크리슈나는 아예 온몸이 푸르다. 간디가 죽을 때까지 그 이름을 부른 라마도 푸른색이다. 이렇게 힌두 신화 속에서 악을 물리치는 능력을 지닌 신들은 대부분 푸른색을 띤다. 인도 사람들은 판도라를 지키고자 정복자에 맞선 나비족과 아바타가 푸르게 그려진 것을 이런 맥락으로 받아들였다.

〈아바타〉의 자연과 동식물 역시 인도인들에게 익숙한 모습이다. 다른 존재와 교감하기 위해 꼬리를 사용하는 동물은 라마의 충성스런 신하였던 원숭이 신 하누만을 떠올리게 한다. 주인공 제이크가 탔던 날짐승은 비슈누신이 탔던 가루다를 닮았다. 그것은 인도의 불사조였다. 또 판도라의 생명나무는 힌두경전인 리그베다와 바가바드기타에 실려 있다. 인도인들이 거룩하게 여기는 반얀나무와 보리수가 이와 유사하다. 특히 반얀나무의 끈질긴 생명력은 이 나무가 영원한 삶을 상징한다는 믿음을 주었고, 아이 갖기를 원하는 인도 여인들은 신성한 나무 앞에 공물을 바치며 치성을 드린다.

이밖에도 영화 〈아바타〉에는 힌두적 요소가 다채롭게 스며들어 있다. 그러니 인도 사람들은 〈아바타〉에 환호할 수밖에 없지 않았겠는가?

라마의 충성스런 원숭이 신 하누만

아이 이름과 영화 제목

한 아이가 세상에 태어난다는 것은 가족과 이웃에게 크나큰 희망이자 기쁨이요, 축복이다. 새 생명을 얻게 된 집안은 대개 어린아이의 무병장수와 부귀영화를 간절히 바라며 뛰어난 인물이나 고귀한 자연으로부터 가져온 이름을 지어준다. 이는 동서고금을 통틀어 거의 다 비슷비슷하다. 예를 들어 우리 조상들은 자손의 생년월일시를 하늘의 뜻이라 하여 어쩔 수 없이 받아들이면서 그나마 인위적으로 개입할 여지가 있는 이름짓기에 정성 다하는 것을 도리로 여겼다. 서양에서는 부모가 자신들의 기대와 바람을 아이 이름에 담았다.

세상의 다른 아이들처럼 인도 아이들도 태어나면 그 사회의 전통과 문화에 따른 이름을 가진다. 이름짓기 의식은 인도 힌두의 일생에 치러야 할 열두 가지 규례 중 하나로서 '나마 까라나'라고 한다. 이때 '나마'는 '이름'을 뜻하고, '까라나'는 '짓다'의 의미이다. 대부분 독실한 힌두 신자인 인도 사람들은 아이 이름과 운명의 관계를 굳게 믿는다. 그래서 귀한 아이가 세상 빛을 본 지 열흘쯤 될 무렵에 부모는 브라만 제사장과 일가친척을 모시고 작명 의식을 치른다.

옛날에는 아이에게 네 개의 이름을 줬다. 탄생 별자리에 맞춘 이름, 힌두력에 근거한 이름, 집안의 신을 드러내는 이름, 보통 부르는 이름이 그것이다. 이는 부르기 쉬우면서 듣기 좋고, 특정한 숫자의 음절과 모음으로 이루어지며, 남녀 구분이 가능한 데다, 부와 권력을 상징하고, 카스트를 암시해야 한다는 다섯 가지 원칙하에 만들어진다. 그러므로 브라만 아이의 이름은 신성한 직무에 어울리고, 크샤트리아 아이의 그것은 힘을 연상시키며, 바이샤와 수드라 계층에 속한 아이의 이름인 경우에는 부유함과 봉사를 떠올리도록 하는 게 일반적이다.

북동쪽 산악부족인 아오 나가 사람들은 숫자 3과 6을 특별히 중시해서 아이 출생 사흘째에 조부 또는 외조부가 이름을 지어준다. 조부·외조부는 딸 낳은 집에서 암탉을 잡고 아들 낳은 집에서 수탉을 잡아 제를 올린 후 대나무 바늘로 갓 태어난 아이의 귀를 뚫고 자신이 생각한 것을 알려주는데, 이는 부모의 동의를 거쳐 아이의 이름이 된다.

똑같이 북동쪽에 뿌리내렸다 하더라도 현대식 교육이라고는 받아본 적 없는 카시족은 선교사들의 영어 표현을 신기하게 여겨서 이를 이름으로 썼다. 지금도 나이 지긋한 카시족 아저씨와 아주머니들 중에는 Electric, Moonlight, Lipstick, Toilet, Between, Thank You를 성씨에 붙여 쓰는 이가 많다. 또 일찍이 기독교가 전파된 남인도에서는 성서에 나오는 인물인 Matthew, Maria 등의 이름을 인도식으로 지은 마태나, 마리아쿠띠를 비교적 쉽게 만날 수 있다.

하지만 오늘날에는 웬만한 인도 가정에서 전통적인 모습의 정식 이름짓기 의식을 찾아보기 어렵다. 1947년 인도 - 파키스탄 분리 당시 힌두교도로서 파키스탄 쪽 펀잡을 떠나 인도 델리에 정착한 한 노인은 얼마 전 아주 가까운 친척과 몇몇 이웃사람들만 불러서 간단하게 손녀딸 작명식을 열었다. 이름도 탄생 별자리에 맞춘 것과 보통 부르는 것, 그렇게 두 개만 지었다.

이러한 인도의 이름짓기는 영화 제목 정하기에도 적용된다. 엄청난 돈을 들여 제작한 영화를 시장에 내놓으면서 감독, 제작진, 투자자는 그야말로 대박을 바라고 또 바란다. 그 여망을 간절히 모으는 행사가 영화 제목 명명식이다. 거액을 약속받고 초대된 제사장은 언제 영화를 출시할 것인가를 묻는다. 출시 일시가 정해지면 그때의 별자리 이름 첫 글자를 참고해서 영화 제목을 짓는다고 알려져 있다. 그런 과정을 거쳐 인도 사람과 인도 영화 이름이 정해진다는 사실을 알고 만나면 더 흥미롭겠다.

원초적 에너지와 탄트라

인도에는 긴 역사를 흘러오면서 겹겹이 쌓인 신화와 신비스런 얘깃거리가 많다. 성(性)에 관한 것도 그중 하나다. 보통 사람들은 인도의 성이라 하면 중국 소녀경처럼 카마수트라를 떠올린다. 누구든 인도 여행길에 접해 보는 춘화첩이 카마수트라다. 카마가 성을 뜻하고 수트라는 경전을 의미하니까 곧 성전(性典) 정도로 이해 가능한데, 중동 국가들 수준은 아니지만 종교적 영향력이 상당한 나라에서 성을 다룬 경전이라니 쉽게 납득하기 어렵다.

여기에다 또 있다. 무수히 많은 인도 관광지 가운데 사람들이 꼭 한번 가보고 싶어하는 곳으로 알려진 데가 카주라호다. 오래된 사원들이 무리를 이룬 이 조그만 도시를 그토록 찾으려는 것은 바로 조각상 때문이다. 성행위 장면과 갖가지 체위를 정교하게 새긴 수천 수만 개의 에로틱한 조각상들로 뒤덮인 사원에는 짝을 이룬 청춘 남녀들의 발걸음이 잦고 카마수트라 판매상 손길도 제법 바쁘다.

북인도 우타르프라데시 주에 속한 도시 알라하바드에서 열두 해마다 열리는 마하 쿰브 멜라(Maha Kumbh Mela) 축제 광경은 어떤가? 그곳에는 평소 풍기문란이라고 곤봉을 들이대던 경찰들마저 반쯤 호위하며 경이로운 눈길로 쳐다보는 수행자 그룹이 있으니 완전 나체로 거리를 활보하는 나가 사두(Naga Sadhu)가 그들이다. 나체 성자로 잘 알려진 이 사두들은 히말라야 산중에 들어 도를 닦다가 쿰브 멜라 축제 무렵 산을 내려와 야무나강, 갠지스강, 사라스와띠강 합류지점인 알라하바드의 상감(Sangam)에서 목욕을 한다. 신성한 강물로 정신과 육체를 정화하면 천상의 기운을 덧입게 되리라는 믿음이 있어서다. 그런데 성전이라는 카마수트라, 에로틱한 카주라호 조각상, 발가벗은 채 수행하는 나가 사두 사이에는 해탈을 향한 수행법의 일종인 탄트라가 공통점으로 존재한다.

탄트라는 신과 합일하기 위한 지식, 요가, 예절, 실천방법을 체계화해 놓은 힌두신학의 집전이다. 이는 한때 브라만교의 제의적 교리와 전횡에 반동하여 일어났던 불교가 오히려 한 세기 후 경직되고 브라만들이 옛 인기를 되찾고자 몸부림치던 시기에 생겨났다. 당시 불교 수행자들이 해탈을 찾아 산속으로 들어간 반면, 브라만은 샤머니즘, 애니미즘을 그대로 받아들여 대중종교가 되었다. 갠지스 중부지역의 성기 숭배 신앙, 시바신 숭배 신앙에 그들의 철학적 개념인 삭띠(Shakti)를 결합시켜 부동의 탄트리즘을 확립한 결과였다.

삭띠는 히브리인들의 '태초에 창조된 빛'과 유사하다. 태초에 창조된 빛이 세상을 여는 원초적 에너지인 것처럼 삭띠도 그렇다. 다만 탄트리즘에서는 '원초적 에너지' 삭띠가 남자와 여자라는 양성으로 나타나고, 그 결합의 절정이 바로 성교 과정에 느끼는 황홀경이라고 가르친다. 이 땅에서 체험 가능한 해탈 경지가 오르가즘이라는 것을 아주 쉽게 설명하다 보니 대중의 관심이 커지고 일상생활 저변에 널리 퍼져 나갔다. 오늘날 힌두신전 어디를 가든 남근의 상징 링가(Linga)와 여근의 상징 요니(Yoni)를 만나게 되는 이유가 여기에 있다.

탄트리즘이 가장 중요시하는 주문은 '옴 마니 파드메 훔(ॐ मणि पद्मे हूँ)'이다. 이를 그대로 옮기면 '연꽃 속의 보석'이지만, 탄트리즘의 연꽃과 보석은 남녀 성기를 상징하기도 한다. 그래서 어떤 교파는 이 주문을 외우며 성기 숭배를 인정하되 성교와 종교의식을 분리하는데, 다른 교파의 경우 밀교 형식을 띠면서 적극적으로 받아들였다. 오늘날 인도 서민과 함께 어울려 탄트리즘을 가르치는 교사를 탄트릭(Tantrik)이라 부른다. 성 자체를 득도 과정의 일부분으로 여기는 그들은 은밀함과 모호함 탓에 자칫 순수성을 잃으면 넘지 말아야 할 경계를 넘게 된다.

몇 해 전 서부 마하라슈트라에서 발각됐던 엽기적인 일가족 근친상간이 대표적 사례이다. 사건의 전말은 이렇다. 어떤 탄트릭이 사업을 도와준다는 핑계를 대면서 탄트리즘에 빠진 기업인의 아내와 두 딸을 무참히 강간했다. 그리고 나중에는 별자리 운수가 동일한 여자와 성관계를 해야 사업이 번창한다고 그 기업인을 꼬드겨 여러 해째 근친상간하도록 하였다. 아내는 가부장적 권위에 눌려 방조자가 되었다. 결국 견디다 못한 큰딸이 모든 사실을 외숙모에게 알리고 나서야 탄트릭의 반인륜적 만행도 끝났다.

현지의 우리 교민들이 평가하는 그대로 인도 사람들은 독특하고 강한 가족 울타리를 치고 산다. 가끔 이러한 가족주의가 지닌 약점과 종교적 순수성을 내던진 탄트리즘이 만날 때 염원은 욕망에 갇힌다.

카주라호 사원의 조각상

인간 간디

간디는 자신의 자서전 제목을 『나의 진리실험 이야기』로 붙였다. 처음 듣기에는 그 의미가 대단히 철학적이라서 어렵게 느껴진다. 그런데 조금만 살필 경우 실천적인 생애 속에 답이 다 들어 있다는 것을 알게 된다. 델리의 간디기념관에 새겨진 글귀도 "내가 살아온 삶을 보면 내가 말하고자 한 바를 알 수 있습니다"라고 해서 이러한 점을 분명히 상기시켜 준다.

실제로 간디의 일생은 보통 사람으로서는 감히 엄두를 못 낼 만큼 심오한 투쟁기록이며 인류사에 영원히 기록될 위대한 족적이다. 대영제국의 식민지가 돼버린 조국을 해방시키기 위해 '옳다고 여기는 진리를 마음속 깊이 간직한 채 버리지 않는' 사탸그라하와 비폭력 수단인 아힘사를 실행에 옮겨 기어코 뜻을 이룬 것은 인도인들뿐만 아니라 온 세상 사람들이 경외해 마지않는 신화다. 국가 간 지배와 피지배라는 극단적 갈등을 자기희생으로 해결한 그의 시도는 오늘날에도 여전히 최고 경지의 투쟁전략이라는 평가를 받는다.

그럼 간디가 진리라고 여겨서 단단히 붙잡았던 것은 무엇이었을까? 그는 톨스토이, 러스킨의 글과 바가바드기타, 기독교 성서 관련 서적 등을 통해 참다움에 다가갔고, 모든 인간, 모든 생명이 자기 나름의 의미를 지닌 귀한 존재임을 깨닫게 되었다. 마치 북인도 디왈리 축제 때 집집마다 피어 오르는 각양각색의 수천 수만 개 등잔불처럼 인간에게는 각기 다르지만 고유한 신의 기운이 있으리라 확신했다. 이때 간디는 보리수 아래서 도를 깨친 고타마 싯다르타가 그랬듯이 장엄한 우주의 소리를 듣고 법열에 휩싸였을지도 모른다.

독실한 힌두교 신자인 부모의 영향을 크게 받았던 그는 진리의 빛을 드러내는 방법을 힌두교식 수행에서 찾았다. 욕망 절제와 경건함으로 자신을 다스리고 공동체 생활을 하면서 정신의 깊이를 심화시켜 나간 것이다. 남아프리카공화국의 톨스토이농장, 아메다바드의 사바르마티 아쉬람, 마하라슈트라의 세바그람 아쉬람, 부호 비를라가 휴식처로 제공해준 델리의 숙소는 모두 내면을 다스리기 위한 수행 공간이자 진리 구현 장소였다.

그에게 있어 진리 탐색과 실천은 항상 동행했다. 한 걸음 물러나 긴 명상에 잠겼다가도 영국의 무자비한 경제적 수탈을 비판하며 아메다바드를 떠나 단디 해변까시 걷는 무저항의 친리 길 '소금 행진'을 이끄는가 하면, 정치적 탄압에 맞서 과감한 불복종운동을 전개했다. 특정 상황에서 어떤 것이 진리이고 생명을 살리는 길인지를 생각하되, 일단 확신이 든 후에는 한치의 망설임 없이 목숨을 내던져 뜻한 바대로 나아갔다. 그래서 사람들은 간디를 위대한 영혼이라 부른다.

간디에게는 평범한 보통 사람의 면모도 있다. 열세 살에 한 살

연상인 카스투르바와 가정을 이룬 간디는 부친 초상날 아내를 찾을 정도로 왕성한 성욕을 지닌 젊은이였다. 그런 그가 삼십대 중반에 들어서는 여생 동안 부부관계를 갖지 않은 채 살겠다고 선언해 주위를 어리둥절하게 만들었다. 뭇 여성들에 둘러싸여 지낸 아프리카 시절을 분명히 기억하는 지인들은 고개를 갸웃거렸다. 최소한 그래함 폴락, 닐라 크램 쿡, 마델리네 슬레이드, 마가렛 스피에젤, 손자 쉘신, 에스더 패링 등 여섯 명의 서양 여성이 그와 매우 가까웠다. 인도 여인으로는 스리마티 프라바바티 데비, 칸찬 샤, 그레마 벤 칸탁, 수실라 나이르, 마누 간디(증조카 조이수크 랄 간디의 아내), 아바 간디, 사랄데비 초드리가 있었다. 라빈드라나드 타고르의 조카이기도 한 사랄데비와는 성관계를 가질 만큼 친밀한 사이였으나, 자신의 입지가 송두리째 흔들릴 것을 염려해 헤어졌다. 또 인도로 돌아와서조차 생활 패턴이 여전해서 마음을 준 여인과 수백 통의 연서를 주고받았으니, 모든 것을 아는 사람들로서는 간디의 금욕선언이 곱게 보일 리 만무했다.

거기다 사바르마티 아쉬람에서는 한술 더 떴다. 간디와 공동체 여인들이 나체로 같은 방에 기거하다가 급기야는 한 침대를 썼다. 이에 반발하는 추종자까지 나타났다. 하지만 간디는 이러한 행위를 부끄러워하기보다 오히려 자신의 성욕 억제 능력을 자랑스럽게 여겼다. 예순일곱 살에 몽정 가능한 수준의 성적 에너지를 가졌음에도 불구하고 쾌락의 유혹을 이겨냈다는 만족감이었다. 항상 그 곁에 머물며 이것저것 보살핀 여인들이 겪어야 했던 고통쯤은 별로 큰 관심사가 못 됐다. 스스로 남성이나 여성이 아닌 중성의 자애로운 어머니인 양 처신하면서 금욕원칙을 세웠다 한들 여자 마음은 자기 감정에 따라 움직일 텐데 그것을 몰라줬다. 실제로 자이 프라카쉬의 아내였던 프라바바티는 간디를 떠나 있을 때 불안에 떠는 여인이었고, 간디가 감옥에 갇힌 기간이라야 남편과 함께 보냈다. 그레마 벤 칸탁은 1938년 무렵 『프라사드와 딕샤』란 책에다 간디와의 성관계를 폭로해 대소동을 일으켰다.

한 가지 더 짚고 넘어가자. 인도인들 가운데 일부는 어찌된 영문인지 간디 이야기에 아주 질색한다. 주로 하층신분 출신이 그렇다. 너무 의아해서 지정 카스트제도를 만들어 불가촉천민의 출세길을 열어줬는데 고마워해야 하지 않느냐고 물으면, 간디 때문에 자신들의 삶이 아직 카스트 굴레를 못 벗어났다는 투로 말한다.

저간의 사정은 이러하다. 불가촉천민으로 태어나 인도 독립투쟁에 앞장서고 하층신분 사람들을 비인간적인 힌두 카스트의 족쇄로

단디 해변을 향해 행진하는 간디와 11인의 동상

부터 해방시키고자 노력한 선구자 암베드카르는 카스트 옹호자였던 간디와 심하게 대립했다. 간디는 천민을 신의 아들이니 하리잔이니 부르면서 따뜻한 눈길을 보냈으나, 그들에 대한 신분 해방을 주장하는 것은 영국의 이간책에 놀아나는 이적 행위라 하여 세차게 몰아붙이고 목숨 건 단식을 감행함으로써 카스트제도를 지켜냈다. 아무리 식민지배 세력에 맞서 싸워야 할 중대한 상황에서 국론 분열을 우려했다 하더라도 아쉬운 대목이 아닐 수 없다. 그러므로 이제껏 카스트의 폐해에 시달리는 하층신분의 인도 사람들은 간디를 우러러 받들지 않는다. 위대한 영혼 마하트마 간디, 그도 진리를 깨닫고 이를 실천하고자 몸부림쳤지만 결국 한 사람의 연약한 인간이었다.

인도 동북부의 한류

요즘 우리 대중문화는 안팎에서 인기 절정기를 맞은 것 같다. 국내 드라마나 영화만 하더라도 자본 투자가 활발해서 과거에 엄두를 낼 수 없었던 규모의 대작이 쏟아진다. 장르는 얼마나 다양한지 세밀한 고증을 거친 역사물부터 첨단 컴퓨터그래픽 기술을 동원한 공상과학물까지 거의 모든 영역을 망라해 창의적이고 실험적인 작품들이 골고루 분포되어 있다. 대중음악도 성장에 성장을 거듭하더니, 이제는 세계인들로부터 예술적 독창성과 보편성을 인정받기에 이르렀다.

여기에다 더 놀라운 점은 이처럼 거대한 물량 위주의 움직임만 있는 게 아니라는 것이다. 우리 사회의 또 다른 한편에서는 자본의 무차별적인 대중문화 영역에 대한 지배를 우려한 감독, 작가, 배우, 가수 등 창조 작업 주체들이 자기 예술정신과 독립성을 지켜내고자 나름대로 고군분투 중이다. 이러한 치열함은 대중문화의 맹목적인 시장 지향 흐름을 견제하면서 주객관계를 보다 분명히 하고, 자본이 아닌 창작자의 시각으로 신선한 메시지를 만들도록 한다.

　우리 대중문화 상품에 대한 외부의 반응은 그야말로 폭발적이다. 이미 널리 알려져 있다시피 일명 한류 열풍은 중국, 대만을 비롯한 중화권과 동남아시아에서 시작되어 일본, 러시아, 중동으로 퍼졌다. 그곳에서는 남녀노소 모두 '한국 이야기,' '한국 스타'에 열광한다. 일부 아시아권 국가를 여행하다가 현지 방송에 나오는 우리 드라마를 보고, 우리 노래를 듣는 것이 이제는 친숙하게 느껴질 정도다.

　한류 기미는 유럽에도 있다. 직접 목격하거나 체험하지 않았다면, 유럽 사람들이 우리 영화에 관심 가질 리 없다고 생각하기 쉽다. 과한 겸손이다. 최근 일 년간 프랑스 파리에 머물다 온 교수님 한 분도 가기 전에는 그랬는데, 겪고 나서 바뀌었다고 한다. 우선 프랑스인들이 김기덕 감독의 작품세계와 영화 〈봄 여름 가을 겨울 그리고 봄〉을 극찬한다던지, 박찬욱 감독의 영화 〈올드보이〉와 〈박쥐〉를 대단하게 평가할 때 전해지는 진정성, 진지함, 따뜻한 애정 표현에 깜짝 놀랐다는 것이다. 교수님이 진행한 한국학 강좌도 유럽 학생들로 가득 메워지고, 호기심 어린 질문이 이어져 우리 대중문화의 인기를 더욱 실감했다. 이는 몇 해 전만 해도 상상 못했던 전혀 새로운 변화였다.

　이에 비한다면, 광활한 땅 인도의 한류는 아직 한 모퉁이에 꽃씨를 뿌린 수준이라고 할 수 있다. 근래 티베트계 사람들이 많은 미조람, 마니뿌르 등 인도 동북부를 중심으로 우리 드라마와 노래 확산 속도가 빠르지만, 아래로는 그만한 움직임을 찾기 어려워서이다. 동북부 주민들은 〈대장금〉 등 고전·역사물보다 풀하우스 류의 트랜디물을 선호하는데, 그곳 도시의 길거리 상점에는 이러한 소

비자 기호를 겨냥해 도회적 생활, 청춘의 사랑을 다룬 한국 드라마
와 대중가요 관련 상품이 흔하다. 우리것을 만나본 젊은이들은 델
리나 뭄바이에 나와 한국 사람을 발견하면 반가워하면서 장동건,
비, 송혜교를 안다는 사실을 자랑한다.

미래는 밝다. 오늘날 인도인들이 삼성, LG, 현대 제품을 자연스
럽게 대하는 것처럼 가까운 장래에 우리 영화, 드라마, 노래를 즐
기며 환호하리라는 것은 실현 가능한 기대이다. 대학생들과 의견
을 나누거나 우연히 마주친 인도 사람들과 대화할수록 그런 믿음
은 커진다. 우리 문화를 알고, 친해지고, 이해하려는 진지한 욕구
가 굉장하다. 그러나 문화는 쌍방향으로 흘러야 한다. 어느 한쪽이
일방적으로 영향을 미쳐서는 상호 공감대를 형성할 수 없다. 우리
대중문화를 인도 사람들 사이에 스며들게 하는 한류 확산 노력 못
지않게 인도 문화를 알고, 친해지고, 이해하려는 자세도 동시에 필
요한 시점이다.

인도의 불교와 평등사상

왜 불교는 최초 발상지 인도에서 거의 뿌리뽑히듯 사라졌을까? 여행자들이 인도를 둘러보면서 저절로 품게 되는 의문이다. 온통 힌두사원, 이슬람사원 천지에다 남쪽으로 가면 성당·교회까지 드문드문한데, 불교의 모습은 보드가야, 사르나트를 가서야 한 조각 만날 수 있을 정도여서 존재감이 없다시피 하다. 아무리 역경이 험난했다 하더라도 한때 그토록 찬란한 문화를 꽃피우고 멀리 한국, 중국, 일본 등 아시아 여러 나라와 전 세계에 커다란 영향을 준 불교가 오늘날 12억 인도 인구의 0.8%만 믿는 소수 종교로 전락해 겨우 명맥을 유지한다는 것은 놀라운 일이다.

인도 불교는 힌두교, 이슬람교와 경쟁하고 대립하면서 흥망성쇠의 길을 걸었다. 아주 강렬한 인상을 남긴 그 여정에는 사연이 많다. 먼저 기원전 1500년경 아리안이 인도 대륙에 들어왔다. 이때 등장한 브라만교는 제사장인 브라만의 역할에 따라 개인과 우주의 운명이 달라진다고 가르쳤다. 막 씨족 우두머리 티를 벗어나 군데군데 소국을 세운 왕들은 권력기반을 다지기 위해 브라만과 손잡았고 대규모 제사의식을 통해 자연스럽게 제왕으로 인정받았다. 이러한 종교와 정치의 공생적 결탁은 사회 계급구조를 공고히 하며 기원전 6세기 무렵 신흥세력의 도전에 직면할 때까지 계속됐다.

브라만 중심의 지배질서에 맞선 신흥세력은 갠지스 유역에서 부를 축적해 힘을 키웠다. 그리고는 누구든 전생의 업으로 비롯된 운명에 충실해야 더 나은 생을 얻는다는 브라만식 지배사상 대신 인간의 운명이란 각자 행하기 나름이고 모든 사람은 평등하다는 붓다식 업(까르마) 사상을 수용했다. 붓다의 일깨움은 평소 수드라, 바이샤와 연결된 모계혈통 때문에 열등감을 느끼던 마우리아 제국 3세손 아소카를 크게 고무시켰으며, 하나의 인도 건설을 뒷받침하는 통치이념이 되었다. 아소카 치세하에서는 법 적용에 차별이 없어서 도둑질한 브라만에게 곤장 열 대를 때리면 수드라도 동일하게 열 대를 때렸다. 이에 보통 사람들이 불교에 마음을 열었다.

브라만교 쪽에서도 그냥 당하고만 있지 않았다. 서둘러 힌두교로 변신을 시도하고, 소나 말 같은 동물을 잡아서 드리던 제사를 신상 앞에 꽃과 과일을 올리면 되도록 간소화했다. 사람이 태어나면서부터 죽을 때까지 만나는 삶의 고비마다 의미를 부여해서 작명식, 돌잔치, 결혼식, 장례의식을 철저히 챙겼다. 낮은 곳으로 더 가까이 다가간 것이다.

불교는 참선, 고행을 강조하되 민초들의 삶 구석구석에 세심한 눈길을 주지 못했다. 밑바닥 사람들은 굿을 하든지 푸닥거리를 해야 사는 재미가 날 텐데 싱겁게 벽만 쳐다보라니 알다가도 모를 일이었다. 불교 사찰이 늘어날수록 평신도와 승려의 거리는 멀어지고, 민중 속으로 파고들어 토속신앙을 접수한 힌두교를 당해내기 어려웠다. 유일신 알라를 섬기는 이슬람의 침입은 결정적 악재였다. 서기 10세기경 이슬람이 쳐들어오자 힌두들은 이교도 세력에 대항하기 위해 고유의 카스트와 규례를 내세워 뭉쳤지만, 불교의 경우 그 와중에 발붙일 곳을 잃어버렸다. 불교가 쇠퇴하면서 인도 사회에 스며든 만민평등사상마저 후퇴하지 않을 수 없었다.

오늘날 인도는 헌법적으로 만민평등 사회이며 지구촌 최대 민주주의 국가라는 사실을 자랑스러워한다. 그렇더라도 모든 세계인이 알다시피 인도 사람들의 일상생활에서 실질적인 기저를 이루는 것은 힌두 카스트식 불평등사상과 신분질서이다. 마하트마 간디는 이를 극복하고자 불가촉천민을 신의 자녀 '하리잔'이라 부르고 천한 신분의 여자 아이를 양녀로 맞이하는 등 개선에 많은 노력을 기울였으나 결국 무위로 돌아갔다. 불가촉천민 출신의 인도 헌법 초안자 암베드카르는 비인간적인 힌두 카스트식 신분제도 철폐 투쟁에서 패배한 후 여러 하리잔과 함께 불교로 집단 개종한다. 인도 사람들은 역사적으로 힌두사상을 받들면서 신분차별을 내면화했고, 붓다의 가르침을 떠나면서 평등사상을 외면했다. 암베드카르가 되돌아간 곳에는 평등의 종교와 붓다식 업 사상이 기다리고 있었다.

인디언 프리미어리그

인도에 머무는 동안 사업차 그곳을 방문한 우리나라 기업인 일행을 만난 적이 있다. 하루는 함께 길을 가던 중에 한 분이 크리켓 공의 생김새를 물었다. 가끔 주변에서 사람들끼리 놀이하는 것을 보거나 텔레비전에서 중계하는 것을 봤지만, 크게 신경 쓰지 않았던 터라 제대로 답변을 못 했다. 무심하게 대한 까닭은 야구인지 소프트볼인지 도무지 정체성이 알쏭달쏭한 운동경기를 열광적으로 아끼는 취향에 어색함을 느꼈고, 무더운 날씨처럼 지루하게 진행되는 경기방식이 마음에 안 들었으며, 자기네를 식민지배한 나라가 남기고 간 문화 잔재에 푹 빠진 인도인들의 물러터진 정서를 이해할 수 없어서였다. 알나시피 크리켓은 영국의 국기(國技)이다.

이방인이야 탐탁찮게 생각하든 말든 인도 사람들은 크리켓 이야기만 나오면 자다가도 벌떡 일어난다. 우리들이 종종 축구, 야구에 정신 팔려서 이성을 잃다시피 하는 반응과 흡사하다. 그런 크리켓은 영국의 식민지배 과정에 인도인들에게 소개되었다. 1845년 3월 3일자 『Sporting Intelligence』는 당시 실헷(Sylhet)에서 벌어진 세포이 용병 팀과 유럽 팀의 크리켓 대결을 상세히 보도한 바 있다. 그 가운데 흥미를 끄는 것은 "유럽 선수들보다 세포이 출신 선수들이 더 활력 넘치는 경기를 펼쳤다"는 부분이다.

인도의 원조 크리켓 팀은 1848년 봄베이(지금의 뭄바이)에서 결성된 'Parsi Oriental Cricket Club'이라고 한다. 이는 8세기 무렵 이슬람교의 박해를 피해 인도로 피신한 페르시아계 조로아스터교도 후손인 파르시를 결속시키고자 만들어졌는데, 출범한 지 얼마 지나지 않아 클럽 소속팀 숫자가 서른 개 이상으로 불어났다. 팀 명칭은 저마다 영국 총독, 저명한 정치가, 로마 신의 이름을 따왔다.

힌두교도들도 이에 질세라 1866년 'Bombay Union'이란 크리켓 클럽을 창립하고서 카스트와 연고 지역에 맞게 팀 명칭을 지었다. 예를 들어, 고드 사라스와띠는 펀잡의 사라스와띠 강 유역에 살던 브라만 이름을 썼고, 크샤트리아 팀은 왕족과 무사계급 위주로 이루어진 선수들의 신분을 드러냈다. 아울러 일부는 구자라트, 마하라슈트라, 안드라프라데시 등 특정 지역 사람들이 팀의 주축이라는 사실을 명칭에서 부각시켰다.

유럽인들은 1875년 들어 봄베이에 연고를 둔 백인 중심의 크리켓 팀을 창단했다. 이 팀과 파르시는 1877년 첫 대면한 후 꾸준히 상호 교류하면서 경기를 펼쳤고, 거의 10년 동안 유럽인 팀이 일방적으로 이겼다. 그런 와중이던 1883년에 무슬림 클럽까지 생겨나자 크리켓 경기장은 온통 인도 선수들의 차지가 되었다. 갑작스러운 열기에 잔뜩 불안감을 느낀 영국 식민정부는 자국민 보호를 명분으로 내세워 파르시, 힌두, 무슬림 계열 크리켓 팀의 경우 각 대도시마다 하나씩만 활동하도록 지침을 내렸다.

크리켓 경기는 20세기 초반부터 인도 사람들의 생활 속에 깊숙이 뿌리내렸다. 봄베이 쿼드랭귤러(Bombay Quadrangular) 토너먼트가 시작되면서 전국에 일대 붐을 일으켰고, 영국 메리리본 크리켓 클럽(Marylebone Cricket Club)의 투어는 대중적 확산을 심화시켜서 인도크리켓조정위원회 결성을 가능케 했다. 이를 계기로 인도에서 크리켓이 완전히 정착하더니, 드디어 2008년에는 프로리그가 출범했다.

인도 프리미어리그(Indian Premier League, IPL)는 영국, 호주, 파키스탄 주도의 국가 대항전 성격이 강한 '크리켓 월드컵'이나 '챔피언십 트로피'와 달리 첸나이, 데칸, 델리, 펀잡, 콜카타, 뭄바이, 라자스탄, 방갈로르 등에 연고를 둔 국내 프로팀끼리 경기를 펼치는 방식으로 진행된다. 성공 전망이 밝아 보이자 인도를 대표하는 부호인 '릴라이언스 인더스트리(Reliance Industries Limited)'의 무케시 암바니 회장은 리그 운영권 확보에 1억 달러 넘게 투자했으며, 각 구단주들은 경매 형태의 절차를 통해 세계적인 우수 선수 영입에 나섰다. 그 결과 인도 국가대표팀의 주장인 MS 도니와 호주의 앤드류 시몬즈가 최고 연봉을 받게 되었다.

기업들도 발빠르게 크리켓 비즈니스에 뛰어들었다. 인도 최대 부동산개발회사 DLF가 프리미어리그의 5년짜리 타이틀 스폰서십을 따기 위해 5,000만 달러를 베팅했고, 펩시 인디아는 1,250만 달러를 들여 5년 기한의 공식음료 스폰서 자격을 얻었으며, 소니와 월드스포츠그룹은 10억 달러를 쏟아부어 텔레비전 방송 중계권을 샀다. 이처럼 엄청난 기대를 안고 출발한 인도의 프로 크리켓은 요즘 세계 여러 시장 중에서 눈에 띄게 매출 규모가 큰 인기 리그일 뿐만 아니라 유튜브의 스포츠 중계 대상으로 선정돼 지구촌 사람들과 낯을 익혀 가는 중이다.

우리 기업의 참여도 적극적이다. LG전자는 크리켓을 회사 이미지 제고와 제품 홍보에 활용함으로써 상당한 성과를 거뒀다. 크리켓 경기를 자주 후원하면서 인도 사람들에게 현지 놀이문화에 공감할 줄 아는 친근한 기업이라는 인상을 심어 줬고, 인도 최대 종합 미디어·엔터테인먼트 기업 '밸류어블 그룹(Valuable Group)'에 크리켓 프로리그 생중계용 3D LCD TV를 공급하면서 대중들에게 기술력을 과시할 수 있는 기회를 잡았다.

인도 인구가 광활한 대륙을 가득 채울 듯이 많지만, 사람들의 단골 대화 주제는 늘 정치, 영화, 크리켓이다. 특히 크리켓은 부유한 사람과 가난한 사람, 귀한 사람과 평범한 사람, 노인과 청년을 한데 묶어 주는 매개체 구실을 톡톡히 해왔다. 그러므로 조그만 라디오 앞에 모여 앉아 손뼉치고 함성 지르고 한숨 쉬는 인도 친구들과 진실한 정을 나누려면 크리켓 공부를 해보는 것도 좋다고 생각한다.

적당히 이기적인 운전자와 보행자

고전적인 사회조직 연구 중에 미국 석고광산을 조사한 것이 있다. 흔히 조직 생산성과 능률을 높이기 위해서는 엄격한 규칙을 정하고, 위계서열을 갖추며, 직원의 자격, 권한, 책임, 임무수행을 공식화해야 한다는 인식이 당연시되는데, 과연 그런 것인지를 되묻는 것이어서 흥미롭다.

　광산은 두 가지 모습이었다. 앞서 운영을 책임진 사람은 인부들과 한가족처럼 지냈다. 그들이 직장 내에서 반드시 지켜야 할 규정과 생산 관련 지시사항을 일일이 확인시키지 않고 비교적 자유롭게 일하도록 풀어준 것이다. 그래도 실적은 늘 좋았다. 대부분 근처 마을 주민으로 구성된 인부늘은 광산을 사신의 집처럼 여기는지라 그곳 작업도구를 가져다 사적 용무에 쓰고, 광산 일손이 모자라거나 생산 목표 달성에 차질이 생길 경우 집안일을 미룬 채 도왔다. 나중에 온 광산 책임자는 이러한 조직 실태를 보고 경악했다. 인부들의 출퇴근 시간이 중구난방인가 하면, 장비 관리, 상하 관계도 온통 엉망이었다. 그는 조직의 기강을 바로 세우고 생산성을 끌어올리고자 규칙을 만들었다. 당연히 광산에서 해야 할 일과 사적인 집안일의 구분, 작업도구의 외부 반출 금지 등 비합리적 관행 개선에 중점을 뒀다. 그러자 내부 분위기가 서먹서먹해졌다. 인부들은 광산을 직장이라 생각하기에 정해진 일만 했다. 실적이 떨어졌다. 상황에 따라서는 엄격한 규칙 적용이 엉뚱하게 비효율을 낳는 법이다.

뻔히 아는 얘기를 장황하게 푼 까닭은 인도 대도시의 도로교통에 대해 메모할까 해서이다. 인도 대학에 다니는 한국인 유학생들은 주로 지하철, 오토릭샤를 이용한다. 미국이나 유럽에서 지내는 학생들과 다르다. 그것이 편리하기 때문이기도 하겠지만, 아무래도 자동차 운전을 주저하는 가장 큰 이유는 겁나서일 것이다. 여행자 눈으로 볼 때 뭄바이를 제외한 거의 모든 대도시의 도로교통 정책 원칙은 비보호인 듯하다. 보행자와 운전자는 도로에 들어선 순간부터 적당히 이기적으로 행동하면서 차선을 넘나들고 횡단보도 표시 없는 길을 건넌다. 스스로 판단하되 결과는 전적으로 본인 몫이 되는 시스템이다. 교통경찰, 차선, 신호등이 보호해 주지 않으니 무섭고 겁나는 선택일 수밖에 없다.

인도 대도시들 중에 신호등다운 신호등이 설치되고 사람과 차량이 꽤 질서 있게 오가는 곳은 뭄바이뿐이다. 델리와 나머지 도시의 교통 흐름은 치밀하게 준비된 규칙, 규정, 신호, 통제보다 길을 나선 사람들의 선의와 순간순간 선택에 의존해 돌아간다. 이러한 비보호식 접근의 극단적 사례는 통차선 활용이다. 이는 평소 차량 통행량이 많으나 편도 두 개 차선 폭 정도의 도로 여유만 있을 경우 아예 널따란 단일 차선을 그어 버스, 택시, 승용차, 오토바이, 오토릭샤, 자전거, 인력거의 자율소통을 유도하는 것이다. 통차선은 동남아시아에서처럼 웬만한 인도 도시에서도 쉽게 목격할 수 있다. 온통 뒤엉켜서는 풀어지고, 또 엉켜서 풀어진다.

진작부터 인도 행정당국이 통차선이니 비보호니 하는 도로교통 정책 개념과 효과를 의도한 것인지는 몰라도 어쨌든 작동한다. 그리고 지금의 여건으로는 합리적 방안이라는 생각이 든다. 인프라를 충분히 갖추지 않은 채 자동차 급증현상을 맞았는데, 무질서한 도로가 싫어 군데군데 신호등을 설치해 자동차를 도로에 가두고, 횡단보도를 곳곳에 그어 또 진행을 막고, 차선을 엄격히 관리한다면, 가지런한 차량 행렬이 나타날지언정 도시의 소통에 역효과가 난다.

지금의 구매력 증가 속도가 이어진다면, 2013년 인구 1,000명당 승용차 20대를 소유하고 2016년에는 30대까지 이를 것으로 전망된다. 확실한 인프라 구축 없이 이러한 상황을 맞이할 때 고성장에 제동이 걸릴 것은 보나마나다. 그래서 인도 정부는 요즘 교통, 통신, 에너지 등 3대 핵심 인프라 건설에 어마어마한 돈을 쏟아붓고 있다. 이 분야에 외국인 투자도 몰려든다. 인도 당국은 앞으로 10년간 우리 돈 수천조 원을 인프라 투자에 퍼부을 예정이라고 한다.

과제는 경제력에 걸맞게 효율성에다 운전사와 보행자 보호 가능한 교통 환경을 하루 빨리 계획대로 만드는 것이다. 적어도 한국인 유학생들이 사고 위험 탓에 운전을 기피하지 않아야 선진국 수준의 도로라고 할 수 있다. 물론 향후 경제발전 성과를 인프라 확충에 투자해 사정을 개선해 나갈 것이니만큼 여행자들이 인도의 비보호 도로를 경험할 수 있는 시간도 얼마 남지 않았다.

조지 해리슨과 크리슈나

그룹 비틀즈는 멤버 한 사람 한 사람이 개성 넘치고 독창성 강한 것으로 유명하지만, 특히 조지 해리슨은 인도 음악과 힌두사상에 푹 빠졌다고 알려져 있다. 그가 암 투병 끝에 사망하자 대중은 힌두로 살았던 조지 해리슨 유해의 인도행 여부를 주시하면서 갠지스 강변에 모여 기다렸다. 살아생전 소망대로 갠지스 강변 화장터에서 한줌의 재가 되어 강물에 뿌려지는 장면을 보기 위해서였다. 결국 아무 일 없이 해프닝으로 끝났으나, 그는 나중에라도 조용히 갠지스에 잠들었으리라는 것이 세상 사람들의 짐작이다.

조지 해리슨이 처음 인도의 매력에 끌린 시기는 1960년대 중반이라고 한다. 당시 발표된 노래 〈Norwegian Wood〉와 〈Within You Without You〉에는 인도 여행 중에 힌두사상을 접하고 전통악기 시타르의 명인 라비 상카르를 만나면서 얻어진 영감이 접목되었다. 그리고 신생 독립국가로 발돋움하던 방글라데시 기아 돕기 공연을 열기도 했는데, 이는 그후 팝가수들의 자선활동에 커다란 영향을 줬다.

힌두사상과 조지 해리슨의 관계는 여러 모로 알 수 있다. 우선 그가 사망한 뒤 유산의 일부가 국제크리슈나의식협회(International Society For Krishna Consciousness)에 기부된 것만 봐도 그렇다. 거액을 물려줄 정도로 조지 해리슨은 힌두의 한 종파에 깊이 심취했고 자신의 사후를 맡겼다. 그는 국제크리슈나의식협회 창립자인 스릴라 프라부파다의 저서 『크리슈나: 최고의 인격신(Krishna: The Supreme Personality of Godhead)』에 실린 추천사에서 이렇게 말한다. "모든 사람은 크리슈나를 찾고 있다. 어떤 이는 자신이 그 사실을 인식하지 못할지라도 크리슈나를 찾고 있는 것이다. 크리슈나는 신이시며, 존재하는 모든 것의 근원이시며, 과거와 현재 그리고 미래에 존재할 모든 것의 원인이다. 신에게는 한계가 없으니, 그분은 다수의 이름을 가지고 있다. 알라, 부처, 여호와, 라마 이 모두가 크리슈나이시며, 하나이다."

조지 해리슨의 정신적 스승이었던 스릴라 프라부파다는 1966년 미국 뉴욕으로 건너가 국제크리슈나의식협회를 세우고 베트남 전쟁으로 가치관 혼란에 빠진 젊은이들에게 다가갔다. 크리슈나에 대한 믿음의 길을 따르면 크리슈나 의식에 도달한다고 가르치는 간결한 교리가 무기였다. 이를 접한 미국 청년들은 공원이나 도시 광장에 모여 크리슈나를 경배하기 위한 신언을 중얼거리면서 황홀경을 느낄 때까지 노래하고 춤췄다. 'Hare Krishna Hare Krishna, Krishna Krishna Hare Hare, Hare Rama Hare Rama, Rama Rama Hare Hare!'

창조의 신 브라마, 보호의 신 비슈누, 파괴의 신 시바 등 힌두 신화에 등장하는 주요 신 가운데 비슈누의 화신인 크리슈나를 받드는 신앙과 스릴라 프라부파다 사상은 12세기 말 지어진 산스크리트 서정시 「기타고빈다」와 15~16세기 무렵 인도 종교운동가인 차이타니아의 가르침에 닿아 있다. 목자를 노래한 서정시 「기타고빈다」에서는 양치기 소년 크리슈나의 피리소리에 마음을 빼앗긴 목동의 아내 라다가 곤히 잠든 남편 곁에 자기 그림자만 남겨두고 그와 사랑을 나눈다. 두 연인의 사랑은 도덕적 의무를 초월하기에 합리화된다. 차이타니아는 이 관계를 신성의 상징 크리슈나에 대한 인간 영혼의 사랑으로 비유하며, 사람들이 신을 향한 구애에 성공하려면 크리슈나의 이름을 반복해서 부르거나 찬미하도록 교육했다.

열광적인 노래와 춤으로 크리슈나 신을 우러르는 차이타니아 운동은 한때 쇠퇴의 길을 걷다가 영국 식민지배하에서 민족 주체성이 강조된 19세기 들어 되살아났다. 그즈음 인도 힌두는 타 종교와의 극단적인 대립을 불사하려는 세력과 라마야나의 라마, 바가바드기타의 크리슈나 등 경전 주인공을 정신적 지주로 삼아 민족 주체성을 재확립하려는 세력과 대립 중이었다. 라마와 크리슈나는 용맹함에다 사고력을 겸비한 이상적인 인도의 남성상이므로, 'Hare Krishna' 진언에 반복해 등장한다. 마하트마 간디가 죽어가면서 남긴 마지막 말은 'Hare Ram'이었다. 그만큼 크리슈나와 라마는 인도인의 무의식 세계를 지배한다.

초기 서양 선교사들은 크리슈나 사상을 기독교 토착화의 도구로 이용하고자 했다. 크리슈나는 그 이름부터 '크리스트'와 비슷한 데다 무소부재·전지전능한 능력이 서로 닮았기 때문이다. 또 크리슈나와 라다의 사랑을 노래한 서정시 「기타고빈다」는 솔로몬의 「아가서」를 떠올리게 하고, 신의 이름을 부르는 사람은 구원을 얻는다는 것도 유사했다. 이러한 시도는 대단한 성과를 거둘 수 없었지만, 상호 문화적 이해를 높였다.

세상 사람은 누구나 자신의 신을 향한 사랑, 신과 합일하려는 열망, 이를 통해 영적 평안에 이르고픈 소망이 있다. 'Hare Krishna'를 외치는 사람들도 헛된 욕망을 떨치고 신에게 가까이 가고 싶어 한다. 조지 해리슨은 영혼의 허전함을 힌두사상으로 채우다가 삶을 마쳤다.

중립국의 반공포로

지난해 4월 하순, 뉴델리 가톨릭 교민 봉사단원들은 먹을거리를 장만해 말비야 나가르에 위치한 최인철 선생 댁을 방문했다. 그즈음 부쩍 거동을 힘겨워하고 성당 미사에 불참하시던 터라 행여 무슨 일이 생기지나 않았을까 걱정스러운 마음으로 서둘렀다. 현관문이 안쪽에서 잠겼고 한참을 불러도 사람 소리가 없어 억지로 문을 열어서 들어가니 최 선생은 잠자는 듯 편안하게 안방 침대 옆 바닥에 누워 계셨다. 침대가 더워 서늘한 대리석 바닥에서 주무시다가 운명하신 것이다. 의사가 검안서에 기록한 사망원인은 고령과 혈압이었다.

국적이야 인도였지만, 그는 1953년 반공포로 석방 때 이곳에 와서 생활한 반백 년 세월 중 스무 해 넘도록 우리 대사관의 행정 일을 도우며 보냈다. 대사관 담당영사와 직원이 안타까워하면서 혹시라도 우리나라에 연고가 있는지 알아봤다. 그러나 인도에서 인연 맺은 사람들 외에는 사고무친하였다. 불과 몇 달을 빼고 일 년 내내 무더운 북인도에서는 3일장, 5일장이 드물어서 평소 고인과 가깝게 지낸 인도인, 한국인끼리 모여 바삐 장례를 치렀다. 그렇게 파란만장한 여든셋의 삶을 살아온 한 사람이 재가 되었다. 인도 한인사회는 슬픔에 빠졌다.

최인철 선생의 죽음은 인도 한인사회 형성과정을 되돌아보게 했다. 반공포로 다섯 사람의 인도 정착시기까지 거슬러 올라가는 이야기의 대강은 이랬다. 6·25 전쟁 종전협정이 체결되기 한 달여 전인 1953년 6월 이승만 대통령은 반공포로 석방이라는 결단을 내렸는데, 당시 네루가 이끌던 인도는 중립국 소환위원회 의장국으로서 큰 역할을 했다. 특히 북한으로 송환되기를 거부한 10만여 명의 포로들 가운데 남한과 대만 말고 중립국을 선택한 여든여덟 명에게는 더욱 고마운 나라였다. 그 무렵 중도노선을 걷는 인도를 친공산주의 국가로 인식한 이승만 정권이 썩 좋아하지 않았으나, 중립국행을 요구한 여든여덟 명(중공군 12명)이 체류할 수 있도록 성의껏 도와줬기 때문이다.

1954년 2월 지금의 인도 첸나이에 도착한 이들은 다시 유럽파와 인도파로 갈라져 대립하다가 1956년 2월에야 비로소 모든 게 정리됐다. 스위스 등 유럽 나라들이 안 받아줘서 다수는 남미의 브라질, 아르헨티나 등지로 떠났으며, 리더격인 고(故) 지기철 선생을 비롯한 여덟 사람만 인도에 남게 된 것이다. 하지만 이마저도 한 분은 1959년 11월 봄베이에서 교통사고로 일찍 세상을 떠나고, 이듬해에는 두 분이 우리 정부의 설득으로 대한민국에 귀화해서 수십 년 동안 인도 땅에 정 붙이고 살아온 반공포로는 다섯 사람이었다.

흔히 이처럼 인도, 브라질, 아르헨티나 등 제3국을 정착지로 선택한 반공포로들은 이쪽저쪽 어느 쪽도 아닌 이념적 회색분자인 양 그려져 왔다. 밀실만 충만하고 광장은 죽어버린 남한과 진정한 광장은 없고 퇴색한 구호와 관료제가 지배하는 북한에 좌절을 느낀 주인공이 남한도 북한도 아닌 중립국 인도로 가는 도중 자살한다는 최인훈 소설 『광장』의 줄거리 때문일 수 있다. 그러나 당사자들의 증언은 달랐다. 기왕 전쟁통에 모든 게 엉망진창 돼버린 이상 젊은 나이에 생판 모르는 미지의 땅에서 다시 시작해 보겠다는 개인적 열망이 컸다는 것이다.

최인철 선생 역시 마찬가지였다. 1983년 소설가 한수산 씨와 인터뷰한 내용을 들어보면 그는 이념에 별로 관심이 없었다. 공산주의 성향의 포로를 모아둔 거제도 막사 시절에는 주동자 명령에 따라 땅굴을 파고 탈출을 시도하려다 실패했으나, 반공포로 석방을 맞아서는 새로운 길을 찾고자 노력했다. 그에게 필요한 것은 다름 아닌 물질적 안정과 정신적 자유였다. 북한 사진동맹 일을 하다가 사진사로 전쟁에 끌려 나가서 포로 신세를 경험한 이 젊은이는 자신의 작품을 인화할 수 있는 조그만 암실과 얼마간 돈만 마련하면 충분히 행복을 느낄 것 같았다. 결국 소박한 꿈은 인도에 뿌리내린 후 육군 공보실의 사진 작업을 돕고 문화공보부 직원으로 근무하는 동안

만년의 최인철 선생

일부 이루어진다.

　행복 못지않게 보람을 맛본 시절도 있었다. 아웅산 테러사건 때 희생당한 이범석 전 외무부 장관이 인도 주재 대사로 부임해 와서 대사관 신축 현장 인부들을 다룰 우리나라 사람을 물색했다. 당시 한인회 회장을 맡아 일하던 지기철 선생은 고인에게 인도 공무원으로 사는 것보다 한국 사람이 한국 정부를 위해 일해야 마땅하다고 설득하였다. 고인은 형님처럼 모셔온 회장님의 청을 뿌리치지 못해 노년이 보장되는 공무원 자리를 포기하고 대사관의 임시직으로 갔다. 그리고는 허허벌판에 지금의 대사관 건물이 들어서기까지 부지런히 힘을 보탰다.

　새로 단장한 대사관에서 보낸 긴 세월의 행정원 생활은 고됐지만 신났다. 자식을 두지 못한 최인철 선생으로서는 대사관의 인도인 정원사, 경비원, 운전수, 요리사가 모두 자식이나 다름없었다. 그들과 동고동락하며 잠시 머물다 떠나가는 외교관의 도우미 역할을 하다 보니 시간이 훌쩍 흘러버렸다. 그러나 정든 땅 인도에 비해 고국은 여전히 낯설었다. 1993년 문화방송 초청으로 스물일곱 명의 반공포로와 함께 한국을 방문했을 때 그가 갈 곳이라고는 거제도의 옛 수용소 자리뿐이었다고 한다.

　술기운이 오르면 인디라 간디와 네루 등 저명인사의 사진을 찍어주던 인도 문화공보부 근무 시절 이야기, 대사관 신축 중에 생긴 에피소드를 재미나게 들려주셨는데, 얼마 전부터 기억력이 부쩍 약해졌다. 오래간만에 방문한 십년지기를 몰라보셔서 안타깝게 만든 적도 있다. 중립국 인도에 정착한 반공포로는 그렇게 쓸쓸히 생을 마감했다. 화장터 화부가 장작에 불을 지피자 김춘수 시인의 시가 떠올랐다.

누가 죽어가는가보다
차마 감을 수 없는 눈
반만 뜬 채
이 저녁

누가 죽어가는가보다

살을 저미는 이 세상 외롬 속에서
물같이 흘러간 그 나날 속에서
오직 한 사람의 이름을 부르면서
애 터지게 부르면서 살아온
그 누가 죽어가는가보다

풀과 나무 그리고 산과 언덕
온누리 위에 스며 번진
가을의 저 슬픈 눈을 보아라

정녕코 오늘 저녁은
비길 수 없는 정한 목숨이 하나
어디로 물같이 흘러가 버리는가보다

—김춘수, 「가을저녁의 시(詩)」

한국어를 배우는 인도 학생들

우리말은 기업의 활발한 해외시장 개척 활동과 대중문화의 한류바람을 타고 세계로 퍼져 나가는 중이다. 중국, 일본, 몽골, 필리핀, 베트남, 네팔, 태국, 캄보디아, 방글라데시, 우즈베키스탄 등에는 우리말 배우기 난리가 났고, 요즘은 이집트, 이란, 요르단, 모로코를 포함한 중동, 아프리카에도 바람이 분다고 한다. 코리안 드림을 꿈꾸며 우리나라로 오려는 사람, 현지 우리 기업에 취직하려는 사람, 국제무역 파트너를 물색하는 사람, 〈가을동화〉〈겨울연가〉〈대장금〉 같은 우리 드라마를 보고 호기심이 발동한 사람들이 달려들어서 생긴 폭풍이다.

인도 사람들이 본격적으로 한국어에 관심을 나타낸 것은 1990년대 중반부터라고 할 수 있다. 그 전에는 아주 전문적이고 학술적인 작업을 위한 공부 외에 따로 우리말을 배울 이유가 크게 없었다. 꼭 필요한 사람들은 국제문제위원회 주도로 1955년 설립된 인도 국제학대학(Indian School of International Studies)에서 한국 관련 주제를 연구했지만, 자료나 언어 학습시설이 충분하지 않았다. 그러다가 인도국제대학은 자와하랄 네루대학교 설립을 계기로 1970

년 이와 합쳐져 국제학대학(School of International Studies)이 되었고, 산하에 여러 연구센터가 만들어지면서 지역학 중심기관으로 자리잡았다. 한국학 분야는 동아시아연구센터 소속이며, 한반도의 역사, 정치경제, 언어를 다룬다.

가장 포괄적이고 세밀한 한국어 프로그램은 자와하랄 네루대학교 어문학 및 문화대학(School of Language, Literature and Culture Studies)의 한국·일본 및 동북아시아연구센터(Centre for Japanese, Korean and North East Asian Studies)를 통해 제공된다. 한국어 학부과정은 우리나라 언어, 문학, 문화 교육에 중점을 두고 1995년 처음 문을 열었는데, 반응이 좋았다. 그도 그럴 것이 그즈음 인도는 사회주의와 자본주의 절충형인 혼합경제시스템을 시장경제체제로 전환하는 개방지향적 개혁 드라이브가 한창이었다. 외부에 시장을 활짝 열어 자본, 인력, 상품이 보다 자유롭게 드나들도록 정책을 바꾼 것이다. 일대 전환기를 맞아 1996년 2월에는 우리나라의 김영삼 대통령이 인도를 방문해 시장 개척에 나섰고, 삼성, LG, 대우, 수출입은행, 한일은행, 상업은행 등 경제계도 진출을 서둘렀다. 당시는 일본 기업들이 먼저 자동차 등 다방면에 인도 쪽 파트너와 합작투자를 해놓고도 현지 시장의 불확실성을 겁내서 적극적인 시도를 주저하던 시기였다. 이러한 분위기 속에 한국어학과가 생기니까 졸업 후 멋진 진로를 기대하는 인도 최고 수준의 학생들이 몰려들었다. 자와하랄 네루대학교 한국어학과는 꾸준히 성장해서 한해 20명 정도의 졸업생을 배출했다. 첫 졸업생 중 몇 사람은 서울에 유학해서 박사학위를 따고, 현재 모교와 델리 대학교에서 교수로 활동한다. 1998년 들어서는 석사과정이 개설

되었다.

한국학 교과과정을 운영 중인 또 다른 인도 고등교육기관은 델리대학교이다. 이는 자와하랄 네루대학교와 더불어 인도의 대표적 명문 국립대학이지만, 한국학 강좌는 2002년에야 동아시아학과 내에 설치했다. 여기서는 한국어 과정 수료증, 학위 예비단계 디플로마, 고급 디플로마 프로그램 등을 제공하는데, 학생들에게 인기가 높아 곧 석사과정도 새로 마련할 계획이다. 델리대학교와 자와하랄 네루대학교 한국어, 한국학 부문 교수들은 서로 너무 잘 알기 때문에 상호 경쟁하면서 적절하게 협력관계를 유지한다. 인도인 대상의 한국어 능력시험, 한국영화제 등 큰 행사를 앞두고는 함께 모여 주요 사항을 협의하고 뜻을 합친다.

이처럼 지난 수십 년 동안 인도의 우리말 교육 및 우리 사회 관련 연구 여건은 몰라보게 발전했다. 우리 언어, 문학, 문화, 역사, 정치경제 등 모든 분야에 걸쳐 다양한 강좌가 펼쳐지고 연구자들의 자세는 진지하다. 그러나 엄청난 성과에 흐뭇해 하면서도 제대로 된 우리말 학습 기회가 극히 일부 지역, 일부 기관, 소수의 인도인, 소수의 대학생들에게만 돌아간다는 데 대해서는 아쉬움이 남는다. 우리말, 우리 문화, 우리 역사, 우리의 정치경제적 이슈를 체계적으로 가르치는 곳은 수도 델리에 위치한 대학뿐이어서이다.

첸나이의 경우 그 빈자리를 한국문화원이 채웠다. 델리를 제외한 인도 대도시 모두가 그런 것처럼 남부 중심도시 첸나이와 인근의 주민들은 우리말, 우리 문화를 알고 싶고 배우고 싶어도 찾아갈 만한 기관이 없었다. 이를 안타깝게 여긴 첸나이 한국문화원은 우리 기업의 지원을 받아 한글강좌를 열고 있다. 우리말 시간에 인도 사람들이 많이 모이는 데도 불구하고 인도인 여성 문화원장은 영 멀었다는 표정을 짓는다. 지금의 인력과 시설로 어떻게든 꾸려갈 수는 있겠으나, 수강생의 언어구사 능력을 기본 수준 이상의 단계까지 끌어올리려면 우리나라에서 정식교육을 마친 강사가 2~3년씩 체류하면서 지도해야 한다는 생각이 확고하다. 우리 정부든 기업이든 인력, 시설 지원만 좀더 해준다면, 첸나이 일대에 한국어 돌풍을 일으킬 자신이 있다는 애기도 덧붙인다. 문화원장의 머릿속 진짜 그림은 델리, 첸나이 거점에다 뭄바이, 콜카타, 하이데라바드, 러크나우까지 더한 6대 도시발 한국어 광풍이다.

문득 데와시스의 얼굴이 떠오른다. 그는 똑똑하고, 예의바르고, 대학을 나왔고, 오매불망 한국 가서 살아보는 게 소원이라는 인도 청년이다. 그런데 우리말 하기가 약간 모자라 델리대학교 예술대학에 다니는 한국 유학생에게 배운다. 한국어 능력시험에도 도전하려고 단단히 마음먹었다. 우리 기업들이 인도에서 잘 나갈수록 이런 인도 청년들도 늘어나게 되어 있다. 첸나이 한국문화원 원장의 뜻이 이루어지기를 바란다.

한국인을 평가하다

불과 얼마 전 인도 일간지가 뉴델리 한인사회 비판기사를 실어 벌집을 쑤셔놓은 듯 떠들썩하게 만든 적이 있었다. 주로 한인회 임원과 전임 델리대학교 학생회장을 인터뷰해서 쓴 '한국인, 동아시아의 편잡인'이라는 제목의 기사 내용은 대충 이랬다.

"한국인은 편잡인처럼 세계 어디를 가든지 고유의 생활방식을 그대로 달고 다닌다. 한국 사람이나 편잡 사람이 달나라에 간다면 벌어질 일을 짐작할 수 있다. 양쪽 모두 거기서 식당을 열고, 김치 장수, 버터치킨 장수가 되어 물건 팔겠다면서 온 우주를 누빌 것이다.

한국인은 지고는 못 사는 사람들이다. 차든 핸드백이든 남들보다 좋은 것을 가져야 직성이 풀린다. 심시어 몸에 나쁜 줄 알면서 과식하고 과음한다.

한국인은 수다 떨고 노래 부르기를 좋아하지만, 술에 거나하게 취하면 몸 따로 박자 따로 논다. 몹시 즉흥적이고 공격적인 사람들이다.

한국인은 드라마에 나오는 것을 모조리 다 따라 한다. 샤넬, 루이비통, 프라다 상표 새겨진 명품을 사려고 긴 시간 동안 줄을 서서 기다리는 사람들은 지구상에서 한국인이 유일하다.”

조목조목 신랄한 지적이었다. 기사에 등장하는 편잡인들은 특유의 부지런함과 저돌성, 예측하기 힘든 운전 습성으로 유명하다. 도무지 어디로 튈지 모를 독특한 행동 때문에 주위의 인도 사람들이 고개를 절레절레 흔든다. 그래서 종종 ‘산타·반타’라고 이름 붙여져 해학에 자주 나온다. 인도판 사오정이나 최불암 시리즈의 단골쯤 된다. 기사를 쓴 신문기자가 보기에는 델리에 사는 우리 교포들이 그런 편잡인을 빼닮았던 모양이다.

이를 계기로 미루어 짐작하건대 인도 사람들 눈에 비친 현지 한국인의 이미지는 썩 긍정적이지 않다. 주변과 어울려서 잘 지내려고 하기보다 자기 스타일을 지나치게 고집하는 사람들, 허영심에 들떠서 실속을 놓치는 사람들, 먹는 것과 마시는 것에 무절제한 사람들, 즉흥적이고 감정적인 사람들, 뚜렷한 삶의 철학이 없는 사람들이 바로 한국인이라는 평가다. 만리타국에서 생고생한 끝에 사업을 일으키고, 돈 모으고, 인도인을 운전수, 가정부, 비서로 고용하면서 일자리 만들어줬는데, 정작 인도 상류층은 그런 우리 교포들에 대해 존경을 표하기는커녕 심오함과 고상함이 부족한 집단이라며 삐딱하게 대한다.

또 우리 교포들이 현지인을 카스트로 분류하여 알게 모르게 차별하는 것처럼 어느 정도 조건을 갖춘 인도인들도 나름대로 외국인을 등급 매겨 상대한다는 사실까지 알 수 있다. 아무래도 전통적 관습이 꽤 멀쩡하게 살아 남아 사회의 구석구석에 스며들고 개인 행위에 영향을 가하는 상태에서 산업화와 경제발전을 최우선 목표 삼아 매진하다 보니 서열은 뻔하다. 서구 사람들을 웃질로 친다.

우리 역시 한때 그랬고, 잔재가 아직 말끔히 사라지지 않은 상태다. 인도 사람들은 영국인, 미국인, 프랑스인, 포르투갈인 등 서쪽 나라 손님과 한국인, 중국인, 일본인, 인도네시아인 등 동쪽 나라 손님을 이리저리 따져서 나눈다.

인도인들이 세계 여러 나라 사람을 몰래몰래 차가운 시선으로 주시한다는 점을 알아차리는 순간에 섬뜩해진다. 국내 대기업의 델리 주재 사무소 간부가 외국인등록소 방문 중에 노골적인 박대를 당했다는 소문이 새삼스럽게 생각나고, 입만 열면 인도인을 헐뜯는 교포의 모습이 떠오른다. 우리 대기업 직원이 외국인 등록을 하려고 할 때는 가족을 모두 데리고 오라더니, 영국인은 몇 마디 하자 두 말 않고 식구들 관련 서류에 쾅쾅 도장 찍어 주더라는 푸념과 불만과 분노의 소리가 무겁게 느껴진다. 인도 사람을 상대로

한국 교민과 인도 주요 인사들의 비빔밥 만들기

돈 버는 한국인들이 모여 앉았다 하면 앞서거니 뒤서거니 고객 욕하기에 바쁜 광경도 썩 유쾌하지 않다. 속쓰리지만 한국인이 인도 땅에서 제대로 대접받자면 아직 더 기다려야 할 듯싶다.

확성기 소리, 바람소리

몬순이 지나고 조용히 책 읽을 만한 시기가 되면 델리 주택가는 시끄럽다. 주민들 고막이야 찢어지든 말든 초저녁부터 새벽까지 우렁차게 울려대는 종교단체 행사장의 확성기 소음 때문이다. 한창 잉잉거릴 때는 거실 창문을 꼭꼭 닫고 두꺼운 소음흡수용 커튼을 쳐도 아무 소용없다. 맞불 놓겠다면서 아이들에게 피아노를 치게 하고, 목이 터져라 노래 부르고, 에어컨 틀어봤자 신을 섬기는 자들의 바깥 소리를 당해내지 못한다.

인도 사람들이 얼마나 종교적인지는 하루하루에 대한 의미 부여만 봐도 알 수 있다. 인도인들은 주요 종교 창시자나 위대한 신과 관련된 날을 경축일로 지정해 놓았다. 힌두교, 이슬람교, 자이나교, 시크교, 불교, 기독교의 문을 처음 열었던 분들의 탄신일이 모두 국가공휴일이다. 힌두 신들의 경우 그 숫자가 너무 많다 보니 생일을 다 챙기기 어려워서 대표를 뽑아 기념한다. 람이 그렇고 크리슈나가 그렇다. 마호메드, 마하비라, 구루나낙, 예수, 붓다 탄신일마다 요란한 폭죽소리의 세기는 교세를 따라간다.

시크교 여신도들은 구루나낙 탄신일이 가까워질 때쯤이면 새벽마다 동네를 돌며 노래를 부른다. 그들의 특별한 종교적 열정이야 놀라울 따름이지만 단잠을 깨우는 하이소프라노 합창소리와 딩딩거리는 쇳소리를 참기 어렵다.

모스크지역 거주자들의 형편도 마찬가지다. 여명이 시작될 때(수부), 해가 중천에 뜰 때(주후르), 하얀 색깔의 해가 석양으로 바뀔 때(아사르), 일몰 직후(마그립), 어둠이 짙어 사물의 분간이 어려울 때(이샤), 이슬람 사원의 확성기에서는 이렇게 하루 다섯 차례에 걸쳐 위대한 신 악바르 알라를 외치는 소리가 울려 퍼진다. 사람들이 활발하게 움직이는 시간에 주후르, 아사르, 마그립을 알리는 고성이나 밤중에 이샤를 알리는 굉음까지는 그럭저럭 견딜 만하다. 하지만 이른 새벽의 수부 예배에서 터져 나오는 소음은 여간해서 견디기 힘들다.

왜 힌두교인, 시크교도, 무슬림은 하루의 시작과 마무리 시점, 새로운 계절이 시작되는 시점, 그리고 신들이 탄생한 날에 큰 소리를 낼까? 마치 이스라엘 선지자 엘리야와 갈멜산상에서 대결을 벌였던 450명의 바알 선지자들처럼 말이다. 그때 엘리야는 하루 종일 악을 쓰며 바알신을 부르는 그들을 향해 "좀더 큰 소리로 불러 보시오. 바알은 신이니까, 다른 볼일 중이거나 용변 보고 있을게요. 그렇지 않으면 멀리 여행을 떠났거나 잠자고 있을지도 모르지 않소!"라고 말하면서 비꼬았다. 신을 대하는 인도 사람들의 태도가 딱 그렇다. 힌두 사제든 무슬림 이맘이든 구루드와라의 구루든 하나같이 신을 귀머거리 취급하는 듯하다. 결국 보다 못한 인도 대법원은 어떤 행사건 저녁 아홉 시 이후 일정 수준 이상의 소음 내는 것을 금했다. 그런데 문제는 종교와 관련될 경우 어느 누구도

편잡의 시크교 황금사원

이 법을 따르려고 하지 않는다는 것이다. 거의 모든 사람들이 이에 대해 이중 잣대를 갖고 있다. 자신과 다른 종교를 믿는 이들이 내는 것은 소음이고, 자기가 속한 종교집단의 소리는 성스러운 의식 과정의 일부라는 식이다.

원래 사원은 그토록 성가실 정도로 시끄럽지 않았을 게다. 사찰의 그윽한 풍경소리와 독경소리, 교회당 종소리가 일상에 지치고 피곤에 찌든 사람들에게 마음 한가득 휴식을 주듯이 옛날 인도 사원들도 그랬으리라 짐작된다. 당시 고요하게 번지던 힌두사원 북소리, 종소리는 잘난 사람과 못난 사람, 부자와 가난한 사람, 귀한 사람과 천한 사람 모두를 신께 더 가까이 이끌었을 것이다. 오늘날 전쟁터를 방불케 하는 폭죽소리와 자욱한 연기로 상징되는 북인도

시크교 제사장들

최대 명절 디왈리도 과거에는 밤새 디와(등잔)를 밝힌 채 람의 귀환과 부의 여신 락시미의 방문을 환영하던 멋스러운 명절이었다.

일찍이 인도 무슬림들은 요즘처럼 초대형 확성기로 고함지르는 대신 힘찬 목청 가진 사람이 탑에 올라가 '알라아 악바르(알라는 위대하시다)'를 외쳤다. 해 뜰 때, 해 질 때를 비롯해 꼭 하루 다섯 번 번지던 그 목소리는 자칫 신을 잊어버리고 사는 이들의 마음을 맑게 하였다.

물론 아직도 인도 힌두교에는 다른 사람 귀보다 자기 마음의 귀를 먼저 열도록 조용히 일깨우는 의식이 남아 있다. 펀잡 제사장이던 샤르다 람 필라우리가 1870년대에 만들어 지금까지 세계 도처 힌두 뿌자의 아르띠에서 쓰이는 '옴 자이 자그디쉬 하레'의 경우 누구나 큰 거부감 없이 대할 만큼 감미로운 찬가이다. 그렇게 신을 향한 소리는 마음을 울린다. 범음이란 말이 있고, 옴이라는 만뜨라를 두고 우주의 소리라 이르는 이유다.

우리든 인도 사람들이든 확성기 볼륨 높여서 귀먹은 신을 깨울 수는 없다. 오히려 침잠해 스스로의 막힌 귀를 뚫어야 옳다. 그것이 생명을 살리는 길이며, 모두가 가야 할 길이라는 생각이 든다. 어느 영화에서도 그랬다. "바람의 소리를 들어라."